창 조

Claus Westermann
CREATION
Fortress Press, Philadelphia 1974

Translated by Jong-Ryul Hwang
© Benedict Press, Waegwan, Korea 1991

창조
1991년 9월 초판 | 2009년 3월 재쇄
옮긴이 · 황종렬 | 펴낸이 · 이형우
ⓒ **분도출판사**
등록 · 1962년 5월 7일 라15호
718-806 경북 칠곡군 왜관읍 왜관리 134의 1
왜관 본사 · 전화 054-970-2400 · 팩스 054-971-0179
서울 지사 · 전화 02-2266-3605 · 팩스 02-2271-3605
www.bundobook.co.kr
ISBN 89-419-9120-X 03230
값 6,000원

클라우스 베스터만

창 조

황 종 렬
옮김

분 도 출 판 사

머리말

이 책의 목적은, 이 새 시대에 있어서 인간 세계가 지닌 의미를 천착해 온 작금의 연구에 바탕해서 전개하는 창조자-창조에 관한 성찰이 과연 어떤 결실을 거둘 것인가 하는 물음에 대한 새로운 논의를 촉진하는 데 있다.

이 글은 구약성서의 다른 부분들, 특히 시편과 제2 이사야, 욥기와 지혜문학에서 창조에 관하여 언급하는 내용에 의해 더 확장될 필요가 있는 것이 사실이지만, 성서의 맨 처음 세 장에 보이는 창조 설화에 대한 설명에 그치지 않으면 안되었다.

나는 여기에 소개된 성서 주석의 학문적 기초를 창세기 주석서인 *Biblischer Kommentar, Altes Testament*, I,1 (1966년에 그 첫 책이 출간되었고 현재 일곱 책이 출간되었다*)에서 개진한 바 있다. 본서와 관련된 문제의 제 측면에 관한 참고 자료는 위의 책에서 볼 수 있을 것이다.

---

* 이것은 1971년에 이 책의 독일어판이 출판되었을 당시의 일이다. 이 제1권은 창세기 11장까지를 다루는데, 1974년에 완성되었고, 12장부터 50장까지는 1975년에 완간되었다. 이 대작은 본 책의 역자에 의해서 1984년과 1985년과 1986년에 각각 1—11장의 1권과 12—36장의 2권과 37—50장의 3권으로 번역 출판되었다.

차 례

머리말 · · · · · · · · · · · · · · · · · 5

서론 · · · · · · · · · · · · · · · · · · 9

가. 시원 사건으로서의 창조 · · · · · · · · · · · · 29
    기원들에 관한 이야기의 맥락 · · · · · · · · · · · 38

나. 세계 창조와 인간 창조: 창세기 1,1—2,4a · · · · 49
  1. 창세기 1,1—2,4a의 구조와 특성 · · · · · · · · · 61
  2. 창세기 1장에 나타난 인간 창조 · · · · · · · · · · 72
  3. 하느님의 모습, 하느님의 닮은꼴 · · · · · · · · · 85
  4. "보시니 매우 좋았다" · · · · · · · · · · · · · · 94
  5. 하느님의 휴식 · · · · · · · · · · · · · · · · 100

다. 창세기 2—3장의 인간 창조와 인간의 한계 · · · 103
  1. 세계 창조와 인간 창조 · · · · · · · · · · · · · 112
  2. 설화 · 115
  3. 흙을 소재로 한 인간 창조 · · · · · · · · · · · 122
  4. 한 총체적 존재로서의 인간 · · · · · · · · · · · 127
  5. 낙원과 일을 하도록 부과된 사명 · · · · · · · · 130
  6. 동물들 · 134
  7. 남자와 여자의 공동체 · · · · · · · · · · · · · 141

라. **범죄** ･････････････････ 145
 1. 명령 ････････････････････ 146
 2. 유혹, 악의 기원 ･･････････････ 150
 3. 부끄러움 ･･･････････････････ 155
 4. "아담아, 너 어디 있느냐?" ･･･････ 157
 5. 인간과 인간의 한계들 ･･･････････ 162
 6. 동산으로부터의 추방 ･･････････ 169
 7. 생명의 나무와 죽음 ･･････････ 174
 8. 타락? ････････････････････ 178
 9. 인간 창조와 인간학 ･･･････････ 181
10. 아담과 그리스도 ･･･････････ 183

마. **창조와 구속** ･････････････ 187

서 론

계몽주의가 절정에 달했을 때 전적으로 시대에 뒤떨어진 것으로 기각당하였던 창조와 시원기(始原期)를 다루는 대목들이 기술 문명 시대의 제2기에 다시 한번 발언할 기회를 얻게 되었다는 사실은 주목할 만한 일로서, 이같은 현상은 부정할 수 없을 만큼 분명한 현실로 나타나고 있다. 우주 비행사가 달 탐험 이전에 성서의 1장에 나오는 창조 이야기를 읽었을 때, 거기에서 드러나는 것은 감정도 열광도 그 어느 것도 아니었다. 창조 설화에 나타나는 말마디들은 오히려 사건 기술에 맞는 그런 것이었다. 이것은 수많은 사람들에 의하여 이런 정신 속에서 읽혀졌고 들려졌다. 기술 문명 시대의 제1기에 있어서의 과학과 기술의 위업은 창조 신앙을 의문시하는 논쟁을 불러일으켰다. 그러나 제2기에 있어서 그와 똑같은 영역에서 이룬 위업은 창조 이야기가 다시 입에 올려지는 기회를 마련해 주고 있다.

창조 신앙이 벌써 오래 전에 교회의 설교와 신학의 이면으로 사라졌다는 것은 분명한 사실이다. 성서의 창조 설화는 오랫동안 아무 의문 없이 실제 사건에 대한 기록으로 받아들여져 왔다. "천지의 창조주"라는 사도신경의 첫 문장과 더불어 이 이야기들은 세계와 인간의 시작에 대한 모든 생각과 모든 담화를 밑받쳐 준 신뢰할 수 있는, 요지부동의 기초가 되어 주었던 것이다. 그러나 자연과학이 대두되면서 그 기초가 흔들리기 시작하였다. 자연과학은 창조자에 대한 믿음뿐만 아니라 고대 시기 이래 변함없이 유지되었던 세계에 대한 표상까지도 뒤흔들어 놓았다. 세계에 대한 새로운 표상은 가차없이 퍼져나갔고 그리스도교 교회는 차츰차츰 처음에 보였던 반대 입장을 포기하게 되었다. 하지만 새로운 세계-표상은 세계와 인간 창조에 관한 성서 기록을 의문시하였고, 그 결과 계몽주의 편에서 창조에 관한 성서의 진술에 대해 거센 반대의 물결이 일었다. 그리고 계몽주의의 자기 성찰로 나타난 그와 같은 반대의 물결은 어둠이 있던 곳에 빛을 가져다 주었다. 과학의 빛은 세계와 인간의 기원과 그 발달을 분명하게 밝혀 주었고 원시적 신화와 성직자의 반계몽주의로 말미암은 어둠을 몰아냈다. 사실상, 성서의 창조 기록들은 헥켈(Haeckel)의 〈세계의 불가사의〉(World Riddle)와 가장 최근에는 독일 민주공화국에 의해 인준된 출판물인 〈우주, 지구, 인간〉(Universe, Earth, Man)에서 절정에 달한 계몽된, 그리고 무신론적인 논변에 있어서 지극히 즐겨 다루어지는 표적이 되어 왔다. 자연과학에 대한 예찬과 성서-교회적 전승을 어린애 이야기로 여기는 조소를 담은 채 펼쳐진 계몽주의의 공격은 현재는 가해질 만큼 가해진 상황이어서 그 기운도 잦아들어 있다. 또한 이러한 공격에 직면해서 보인 교회의 태도는 주로 방어적인 것이었는데, 그런 때 역시 지금은 지나갔다. 하지만 그와 같은 태도는 성경에 나타난 창조 기록들이 과학적 지식과 전혀 아무런 관련이 없다고 주장되면서 점점 더 견고해졌었다. 그 내용들은 오로지 종교와 믿음에만 관련이 있고, 그 논의는 구원에 관심을 두고 있다는 것이다. 이러한 방어적이고 호교적인 태도는 근본적으로 다른 측에 의해서, 즉 공격자들에 의해서 결정되었다. 지금은 이러한 사실을 인식하고 인정할 때이다.

케플러와 갈릴레오, 코페르니쿠스로부터 마르크스주의의 물질주의적 이데올로기의 형성에 이르기까지, 교회는 세계와 인간의 기원에 대한 지극히 포괄적인 과학적 설명과 진지한 해후를 이루지 못하였다. 한편은 성서에 보이는 창조 기록의 타당성과 창조자에 대한 믿음을 지지하면서 이와 더불어 세계와 인간의 기원에 대한 과학적 설명을 어느 정도 공공연히 인정하였다. 그렇지만 세계에 관한 과학적 설명과 창조에 관한 성서 기록간에 다리를 놓으려는 진지한 관심은 없었다. 우리는 이러한 사실을 인정함과 동시에 다음과 같은 사실, 즉 19세기의 흐름 속에서, 그리고 슐라이어마허(Schleiermacher)와 더불어 시작된 복음교회 내의 새로운 신학은 더욱더 인간에 집중하게 되었다는 점을 지적하지 않으면 안된다. 슐라이어마허에서 하르낙(Harnack)을 거쳐 실존적 해석에 이르는 일직선으로 이어지는 계열이 있는데, 이는 인간의 현재 상황에서 성서 본문들이 그 자신에 대한 인간 이해를 밝혀줄 빛을 비추는 한에서 거기에 나타나는 의미를 찾아내 왔다. 창조자 하느님에 관하여 이야기하고 그를 "천지의 창조주"로 인정하는 것은 이런 맥락 속에서는 일체의 의미를 상실하고 만다. 이러한 사고 계열은 계몽주의의 논변이 창조에 대한 성서적인 성찰에 맞서듯이 그와 아주 동일한 방향을 따르고 있는 것은 아닌가? 자체의 사고와 관심을 개인의 실존적 상황에 한정짓는 그러한 신학이 주도적인 영향을 미치는 상황하에서 창조자-창조에 대한 이와 같은 성찰은 일종의 죽은 과거의 의식(儀式)이 되어버린 것은 아닌가?

우리는 여기서 한걸음 더 앞으로 나가지 않으면 안된다. 그 새로운 신학은 인간에 대한 자체의 관심과 더불어 개혁신학의 쇄신을 나타내는 흔적을 남겨 놓았다. 그렇지만 그 어디에서도 개혁주의자들이 인간에 대해서, 그리고 하느님 앞에서의 그의 처지에 대해서, 의화와 신앙, 하느님의 나라에 대해서 이야기했던 모든 것이 조금도 흔들림이 없는 창조에 대한 그 믿음의 기초에 입각해 있다는 사실이 분명하게 진술되지 않은 것이다. 이

기초가 그들의 신학적 진술에 더 이상 존재하지 않을 때, 그땐 이미 개혁주의자들이 인간에 대해서 그리고 하느님에 대한 인간의 관계에 대해서 이야기한 그 모든 것의 기반이 사라지게 된 다음이라는 사실이 주목되지 않았다. 달리 말하자면, 신학이 일단 창조자-창조로부터 미미하게나마 떨어지게 되었을 때, 그 결과는 필연적으로 신학이 점차 인간학이 될 수밖에 없고, 그리고 내부로부터 와해되기 시작하고 우리 주변에서도 무너져 내리기 시작할 것이 틀림없으리라는 것이다. 오늘날의 신학은 창조자-창조에 관한 성찰이 퇴조하여 자취를 보이지 않기 시작한 바로 그 자리에다 자체의 출발점을 설정하고 있다. 아니, 이렇게 말하는 것이 더 정확할 수 있다. 즉, 오늘날의 신학은 교회의 신학과 가르침이 단지 세계와 인간에 대한 과학적 설명에 맞서는 방어적 입장을 취하고 있고, 그에 맞서는 데 요청되는 창조자-창조에 관한 성서적인 성찰을 쇄신되고도 생동적으로 진술, 전개하지 못하는 그러한 상황에서 시작되었던 것이다. 그 과정은 쉽게 설명할 수가 있다. 교회의 신학과 가르침이 오직 구원에만 관심을 쏟고 있을 때, 인간에 대한 하느님의 관계가 죄의 용서, 혹은 의화에 한정되어 있을 때, 그 필연적인 결과는 오로지 그와 같은 맥락하에서만 인간이 하느님을 대하고 하느님이 인간을 대하는 것으로 나타났던 것이다. 이는 하느님이 땅 위에서 짓밟히고 있는 벌레들에 대해서, 또는 은하계에 새 별이 나타난 현상에 대해서 관심을 쏟지 않는다는 것을 뜻한다. 그러므로 다음과 같은 질문이 제기되지 않을 수 없는 것이다. 인간의 구원을 위해서는 모든 것을 행하나 자신의 삶의 정황 속에 자리잡고 있는 인간과는 분명히 전혀 아무런 관계도 없는 하느님은 과연 어떤 류의 하느님인가? 실제 역사와는 전혀 아무 상관도 없는 구원의 역사가 갖는 의미란 대체 무엇인가? 오늘날 과학은 과거에 인간이 창조와 관련하여 언급했었던 영역의 주인 자리에 들어서 있다. 하느님에겐 무엇이 남겨져 있는가? 바로 이 점이 어떤 사람들이 "신(하느님)은 죽었다"고 말하는 까닭인 것이고, 훨씬 더 많은 사람들의 경우 "'신'이라는 말은 더 이상 내게 아무런 의미도 갖지 않는다"고 말하는 까닭인 것이다. 따라서 실재(實在)가 유리된 구원론(soteriology)을 현대화하려고 한다거나 그것을 현대의 전문 용어로 최신화하려고 애쓰는 것은 환상에 지나지 않는다. 이런 시도는 조금도 도움이 되지 않는다. 존립하느냐 아니면 무너지느냐 하는 문제는 다음과 같은 물음에 달려 있다. 즉, 하느님은 우리를 에두르고 있는 실재 세계에 관심을 쏟고 있는가? 그는 창조자인가, 아닌가?

우리는 자연과학이 눈부신 발전을 이룬, 그러나 교회는 실패한 거기서 시작하지 않으면 안된다. 우리는 그 실패의 원인이 무엇이었는지를 질문해야만 할 것이다. 이 눈부신 발전을 단죄하던 시기에 이미 화석화되었고 성경에도 맞지 않는 창조자-창조에 대한 이해가 만연해 있었다. 무엇이 잘못되었던가? 우리는 두 방식으로 답할 수가 있다. 창조에 관한 가르침은 창조 설화와 창조자에 대한 찬양에 입각해서 구축되었다. 이는 7일간의 창조 프로그램을 단언해 왔던 가르침이라든가 사물들에 관하여 규정적인 방식으로 생각하는 태도를 야기시켰다. 예를 들면 하늘이 고형(固形)의 체를 이루고 있다고 생각하는 식이다. 이것은 창조자-창조에 관한 성서의 성찰과 관련하여 나타난 심각하게 그릇된 이해였다. 성서에 보이는 성찰은 이야기들, 즉 전혀 다른 표현을 산출하는 전혀 다른 관점하에서 입에 담긴 그런 이야기들의 형태로 표현되어 있다. 과거에는 창조에 관한 성서의 기술은 구원에 대한 가르침을 위해서 요청되는 것으로 보이는 본문들에 한정되었더랬고(즉, 창세기 1—3장에 한정됨), 4—11

장에 뒤따라 나오는 대목들은 창조에 있어서 의미가 없는 듯이 여겨졌다.

이런 현상들은 오로지 창조자-창조에 관한 당대의 교회들의 태도를 드러내 주는 자료일 따름이다. 이것들은 교회가 자연과학에 맞서서 그 본질적인 점에서는 창조자-창조에 관한 성서의 성찰에 전혀 일치하지 않는 창조에 대한 가르침을 옹호하였던 태도를 여실히 드러내 주고 있는 것이다. 철저한 수정이 아직 완전히 성취되지 않은 채 현재 진행중에 있다.

성경은 창조에 대하여 이런 식으로 말한다. 즉, 이 설화는 하느님이 이 세계(인간)를 창조하였다고, 그리고 이 행업에 대한 반응은 창조자에 대한 찬양이었다고 전하고 있는 것이다. 그런데 여기서 우리가 반드시 주목하지 않으면 안되는 것은 성경이 신앙의 대상이 되는 한 조항을 제시하고 있는 것이 아니라는 사실이다. 우리가 신앙고백의 첫머리에서 대하는 그와 같은 조목은 구약성서에서는 찾아볼 수가 없다. 구약성서는 결코 창조자에 대한 믿음을 발설하지 않는다. "나는 세상이 하느님에 의해 창조되었음을 믿는다"와 같은 그런 문장은 나타나지를 않는 것이고, 또한 창조라든가 창조에 대한 믿음 역시 구약성서의 신앙고백들〔폰 라트(G. von Rad)의 역사 안에서의 역사에 대한 "역사적 신앙고백"〕에 결코 표현되어 나타나지 않는 것이다.

우리는 그 까닭을 쉽게 인식할 수가 있다. 즉, 구약성서 시대의 인간이 볼 때 이 세계가 다른 방식으로는 발원했을 수가 없었던 것이다. 창조는 신앙의 대상이 되는 어떤 한 조항이 아니었다. 다른 대안이 전혀 없었기 때문에 그러하다. 달리 말하자면, 구약성서에 있어서는 하느님에 의하여 설정된 것 외에 다른 실재가 존재치 않는 한, 구약성서는 실재에 대하여 우리가 갖고 있는 것과는 다른 이해를 지니고 있는 것이다. 구약성서 시대의 사람들은 이 세계가 하느님에 의하여 창조되었다는 사실을 특별히 "믿을" 필요가 없었던 것으로, 그것은 이미 그들의 사고 속에 전제되어 있는 요소인 까닭이다.

여기서 우리는 창조자-창조에 관한 성찰과 관련하여 분명하게 규정되지 않으면 안될 다음과 같은 두 가지 사안에 맞닥뜨리게 된다.

1. 하느님이 이 세계를 "어떻게" 창조하였는가 하는 물음은 구약성서 시대의 인간에게 있어서 결코 신앙과 관련한 물음일 수가 없었다. 이에 대해서는 아주 전적으로 다른 견해들이 있을 수 있었던 것이 사실이다. 그리고 창조자-창조에 관한 구약성서의 성찰은 다면적인 양상을 보이고 있기도 하다. 창조 과정은 결정적이지도 않을 뿐만 아니라 결정적이게끔 설정될 수도 없다. 각 시대는 그 시대에 인지될 수 있는 방식으로 창조에 대하여 표현할 수 있을 따름인 것이다. 결과적으로 구약성서는 하나만이 아니라 많은 창조 이야기들을 진술하고 있다. 창세기에 대한 옛 접근 방법에서는 창세기의 첫 두 장을 하나의 일관된 기사로 이해하였는데, 먼저 세계와 인간의 창조(1, 1—2, 4a)가 진술되고, 다시 이어서 인간 창조에 대한 훨씬 더 상세한 기사(2, 4b-24)가 전해지고 있다는 식이다. 그러나 구약성서에 관한 역사-비판적 검토에 의하여 이 두 이야기, 즉 1, 1—2, 4a와 2, 4b-24절(3장과 함께)은 두 개의 서로 다른 원천 자료, 이를테면 뒤의 것은 더 오랜 자료인 J(야휘스트 자료, 기원진 10~9세기)에 그리고 앞의 것은 더 후대의 자료인 P(제관계 문헌, 기원전 6~5세기)에 속하는 것이라는 사실을 발견하였다. 이는 구약성서에 나타난 창조자-창조에 관한 성찰을 학문적으로 천착

해 나가는 첫걸음이었다. 두 창조 기록을 이렇게 두 문학 원천 자료로 구분지은 것은 구약성서에 대한 문학-비판적 검토를 통하여 거둔 가장 중요하고도 가장 확실한 결실 중의 하나이다. 이로써 고대 이스라엘은 다른 시대에 다른 방식으로 창조에 대해 이야기하였다는 사실이 확실하게 밝혀졌다. 구약성서에는 창조에 대한 규정적인 가르침은 전혀 보이지 않는다. 그리고 창조에 관한 성찰은 다양하게 나타난다. 위의 두 진술 중에서 보이는 가장 두드러진 차이는 더 오래된 기사의 경우 하느님이 창조한 방식을 이후의 기사에서와는 전혀 다른 식으로 묘사하고 있다는 점이다. 옛 기록에는 진흙으로 사람을 꼴 짓고, 그의 갈빗대로 여인을 꼴 짓는 하느님의 행위가 나타난다. 이에 비해 후기의 기록에서는 창조가 말씀으로 이루어진다. 그분이 말하고, 말한 것이 그대로 발생한 것이다. 그러나 창조와 관련된 본문에 대한 탐구는 여기서 그치지 않는다. 문학-비판적 천착은 전승사(傳承史) 연구에 의해 한결음 더 나아가게 되었다. 즉, 전승사 연구를 통하여, 우리에게까지 전해져 내려온 본문들은 오랜 구전 전승 단계를 갖고 있다는 사실, 그리고 우리가 이 전승들을 대하게 되는 기록된 자료는 그 자체 검토되지 않으면 안되는 오랜 전승 과정의 마지막 단계에 해당한다는 사실이 인정되기에 이르렀다.

  창조자-창조에 대한 성찰과 관련한 접근은 구약성서에서 현저한 변화를 드러내고 있다. 오늘날에 와서 이스라엘에는 단지 두 가지의 창조 기록, 즉 더 오랜 것으로서 2,4b-24와 이후의 것으로서 1,1—2,4a만이 아니라, 전승의 전 역사에 걸쳐 있는 길고 긴 전승 계열이 있다는 것이 인정되고 있다. 구약성서에는 전혀 새로운 양식을 통하여 계속적으로 그리고 나란히 여러 개의 창조 이야기가 표현되고 있다. 창세기 1,1—2,4a의 창조 기록은 이야기 전체를 하나의 고유한 원 작품으로서 저술했다는 의미에서라면 결코 한 저자의 작품이 아니다. 이 이야기의 저자는 일련의 많은 계승자들인 것으로서, 전승을 받은 자도, 그리고 그 받은 것을 새로운 형태로 구체화한 자도 모두 저자에 속하게 된다. 1장의 설화 구성은 분명히 전사(前史)에 어긋나 있다. 말씀에 의한 창조를 전하는 1장의 진술에서 창조자가 말하는 것이 아니라 행동하는 그 옛 진술이 다시 받아들여져 있는 것이다. 이를테면 행위에 의한 창조를 전하는 옛 기록이 말씀에 의한 창조를 전하는 후대의 이야기 뒤에서 인식되게끔 되어 있다. 또한 더 앞선 창조 기록도 하나의 단일한 성격을 보여주지는 않는다. 이것 역시 오랜 이전의 역사로부터, 분명하게 인지될 수 있는 일련의 족적으로부터 자라나온 것이다.

그러나 우리는 이러한 전사에 관하여 검토해 나가는 과정에서 성경의 이 첫 세 장에 한해서 다룰 생각은 없다. 구약성서의 다른 부분들, 그중에서도 특히 시편과 욥기, 제2이사야 그리고 지혜문학 등에 우리의 이 주제와 관련하여 나타나는 여러 대목들이 있다. 이것들은 다양한 가능성과 표현, 배열상의 풍부성을 드러내 주면서, 우리로 하여금 창조자-창조에 관한 성찰의 전승사를 재구성할 수 있도록 해줄 것이다.

2. 둘째 귀결 사항은 창조자-창조에 관한 성찰의 범역을 훨씬 넘어간다. 정확히 말해서 이것은 이스라엘만의 독특한 신앙 문제가 아니었던 것으로서, 이스라엘이 존재했던 세계가 그 주변 세계로부터, 그리고 이스라엘 이전에 있었던 세계로부터 명확히 구분될 수 있는 가능성이란 없는 것이다. 물론 창조자가 이야기 되는 방식에는 언제나 차이가 나타난다. 하지만 이스라엘은 창조자-창조에 관한 성찰에 있어서 자신이 그 주변 세계와 결부되

어 있다는 것을 언제나 의식하고 있었다. 이스라엘과 접해 있는 나라의 모든 백성들, 그리고 이스라엘이 알고 있던 그 모든 백성들은 인간이 하느님의 창조물로 이해되어야 하고, 또한 이 세계 역시 신적인 창조물로서 이해되지 않으면 안된다는 공통된 확신을 함께 지니고 있었다.

우리의 현 시대 상황에 직면하여 새로운 명료화 작업이 요청된다. 최근 들어 가장 첨예한 양극화 현상의 대상이 된 것이 바로 창조 신앙이다. 무신론적이고 반그리스도교적인 선전은 언제나 창조 신앙을 그 공격의 대상으로 설정해 왔다. 하느님에 대한 부정은 예나 지금이나 매 한가지로 창조자에 대한 부정으로 나타나고 있는데, 이러한 부정에는 자연과학이 인간과 세계에 대하여 제시하는 설명이 동반되어 있다. 그러므로 결정적으로 논쟁의 요체가 되었던 것은 성서의 진술로 나타나는데, 하지만 하느님의 백성이 바로 이 논점과 관련하여 다른 백성과 본질적으로 동일한 입장에 있었던 한에는, 이것은 결코 문제가 될 수 없는 성질의 것이었다. 그리스도 교회의 전승은 이 점에서 그다지 신뢰를 얻을 수 있는 입장이 되지 못한다. 그리고 이 영역에다 대립을 집중시키는 것은 성서적인 관점에서 볼 때 필요한 것도 아니고, 정확한 것도 아니다. 그러한 일이 일어났던 것은 부분적으로 교회와 그리스도교 신학 내에서 잘못 개진되어 온 이해에 기인하는 것이다.

창조자-창조에 관한 성서의 성찰은 우리가 알아볼 수 있는 다양한 방식으로 과거에 이스라엘을 에두르고 있던 세계, 그리고 이스라엘 이전에 존재했던 세계에서의 창조자-창조에 관한 성찰과 연관되어 있다. 이 관계를 검토할 때 우리는 다시 두 단계를 구분짓지 않으면 안되는데, 이는 창조자-창조에 관한 성서적인 성찰을 확장시켜 나가는 데 있어서 나타나는 두 단계에 상응한다.

1. 성서는 물론이려니와 전세계가 창조자-창조에 관해서, 세계와 인간의 지음에 관해서 무언가 이야기한 바가 있다고 하는, 모두가 인정하고 있는 이 사실은 그리스도교 신학이라든가 성서 본문 주석에 대한 관심과는 거의 무관한 것이었다. 그렇지만 이와 같은 관심의 결핍을 아주 적절하게 해명해 줄 수 있을 것으로 보이는 설명이 있었다. 즉, 어떤 이는 로마서 1, 18-20에서 원시적인 계시를 추론하였던 바, 이 계시는 대체로 이방인들 사이에서는 베일에 가려져 왜곡되어 있었으나 그 흔적은 그대로 남아 있었다는 것이다. 다시 말해서 비록 왜곡되고 타락하기는 했더라도 아무튼 누군가가 지구상의 백성들 가운데서 창조에 관한 앎을 설명하였다고 하는 것은 바로 그 원시적인 계시에 기인한다는 것이다. 그러나 고대 이스라엘을 둘러싸고 있던 지역에서 작품들이 발견되면서 상황이 바뀌어졌다. 그 작품들은 성서의 창조와 홍수 이야기에 대해서 놀랄 만한 유사성을 보여주었던 것이다. 지난 세기 말경에 발견된 바빌로니아의 설형문자 텍스트들로 하여 성서와 바빌로니아의 작품들간의 관계에 관해서, 그리고 그 둘의 상호 의존성과 시대적 상관 관계에 관해서 의문이 제기되었다. 그리하여 바벨-바이블 논쟁(Babel-Bible controversy)에서 그 절정에 이르렀던 오래 지속된 논쟁이 발생하였다. 그 결과 바빌로니아의 텍스트들이 성서 텍스트에 의존해 있기란 불가능한 반면에 바빌로니아의 텍스트에 대한 성서의 의존은 있을 수 있는 가능성 또는 개연성이 있는 것으로 인정되었다. 이러한 사실이 받아들여지면서 그 결과 많은 주석가들은 어떤 방어적인 태도를 취하게 되었다. 이들은 성서 본문의 영성

적·신학적 우위성을 입증하기 위해 애쓰는 것이었다. 하지만 그들은 그때까지 제기되어 왔던 실질적인 문제, 즉 성서 본문을 성서 이외의 다른 본문들과 비교함으로써 평가하는 것은 참으로 성서 텍스트들이 갖고 있는 유일무이한 독자적인 중요성을 폐기시키는 것이라는 사실을 깨닫지 못하고 있었다.

2. 성서 이외의 창조 이야기들은 현재보다 더 연구 검토되지 않으면 안된다. 맨 처음에는 성서 이외의 작품으로서 성서 내용과 병행하는 것들은 이것들이 딱 맞아떨어지거나 아니면 꼭 무시될 수 없게 되었을 때에나 겨우 인용되었을 따름이다. 전반적으로 볼 때 이 둘의 비교는 텍스트 하나하나에 한하여 시도되고 있어서 성서에서 발췌된 내용이 언제나 성서 이외의 작품들에서 발췌된 내용에 대비되는 자리에 놓여지게 되었다. 그러나 이 방법은 곧 충분치 못하다는 것이 밝혀졌다. 심각하게 그릇된 이해와 잘못된 결론들은 성서 이외의 본문들을 따로 고립시켜서가 아니라 성서 본문들이 다뤄지는 것과 마찬가지로 그것들 자체의 직접적이고 더 광범위한 맥락 안에서 또한 그런 맥락으로부터 연구하고 이해하는 지속적인 작업을 통해서만이 척결될 수 있는 것이다.

종교사와 근동 관련 연구들 그리고 신화학의 연구가 지극히 놀라운 방식으로 성서의 학문적 영역에 도움이 되기에 이른 것이 바로 이 시점이었다. 성서의 창조 기록과 비교되었던 본문들이, 창조 이야기가 하나의 양식으로가 아니라 여러 양식으로 나타났던 길고도 다양한 전승의 일부분에 속하는 것이라는 사실이 발견되었다. 우리는 초기의 수메르에서 시작하여 바빌로니아와 앗시리아를 거쳐 그리스에서 씌어진 후기 이야기에 이르기까지 창조 모티브의 역사를 더듬어 볼 수 있다. 대단히 고무적인 전망이 펼쳐지고 있는 것이다. 그렇지만 이와 같은 전승사 연구는 이제 막 출발했을 따름이다. 그럼에도 성서 연구 상태는 일거에 달라졌다. 성서의 창조 이야기에 내포된 의미와 취지에 대한 탐구는 대단히 광역화되었다. 창세기 1장이 역시 창조를 다루고 있는 〈에누마 엘리쉬〉에 전해지는 바빌로니아 서사시에 대해 보이는 관계는 어떤 것인가 하는 물음은 이제 더 이상 지극히 한정되고 전혀 비생산적인 문제가 아니게 되었다. 이제 문제는 다음과 같은 것이다. 즉, 우리가 수메르와 바빌로니아, 앗시리아의 일련의 텍스트들에서 만나게 되는 수천년에 걸친 창조에 관한 성찰의 역사에 대하여 성서에 나타난 창조에 관한 성찰이 띠는 관계 — 그 범위를 가장 널리 잡아서 살펴본 — 는 어떤 것인가?

그 영역은 이제 한결 더 넓혀지지 않으면 안된다. 현재는 멤피스에서 발굴된 이집트의 성전 문헌들에서도 주목할 만한 병행 자료들이 나타났는데, 이는 말을 통한 창조와 관련하여 아주 중요한 문제에 영향을 미치고 있다. 우리는 말씀을 통한 창조 모티브가 두 곳에서 발생한 것을 어떻게 설명할 것인가?

하지만 아직 연구의 종착점에 이르러 있는 처지가 못된다. 지중해 세계의 고도 문명권에서 찾아볼 수 있는 창조 전승들은 원시 문화에까지 거슬러올라가는 훨씬 더 오래된 전승에 그 뿌리를 두고 있다는 사실이 밝혀졌다. 지금 이 자리에서는 한 가지 예를 드는 것으로 족할 터인데, 흙이나 진흙, 또는 먼지에서 인간을 창조했다는 표상은 수메르와 바빌로니아 신화 안에서도 생명을 불어넣는 숨의 모티브와 함께 나타나고 있는 것이다. 다른 많은 원시적인 창조 설화에서 그렇듯이 말이다. 이 뚜렷한 일치 현상은 어떻게 설명될 것인가?

21

일치는 개별적으로 나타나는 뚜렷한 유사성에 한정되지 않는다. 우리는 좀더 철저한 관찰을 시도해야 할 필요가 있다. 창세기 1—11장에 전해지는 기원(起源)에 관한 기록의 맥락 속에서 창조 이야기들을 고찰할 때, 이 설화에 나타나는 모티브들이 전 세계에 두루 퍼져 있다는 점이 밝혀진다. 이런 현상은 각기의 대륙을 무대로 삶을 영위했던 사람들의 맨 처음 시기에 관한 이야기들에서 발견할 수 있는 창조와 홍수 모티브에서 특히 두드러진다. 바우만(H. Baumann)이 그의 저서 〈아프리카 사람들의 신화에 나타난 창조와 인간의 시원기〉(1936; 1964²)에서 매우 인상적으로 밝혀주었던 것처럼, 기원에 관한 기록에 나타난 다른 모티브들에 대해서도 같은 말을 할 수 있다. 바우만은 여러 기원에 관한 성서 이야기의 모티브에 따라서 원시 시대의 아프리카 신화들을 설명하였다. 여기에도 역시 첫 범죄와 죽음의 기원, 문명의 기원과 형제 살해 그리고 탑의 건설 모티브들이 나타난다. 이렇게 광범위한 소재상의 일치로 하여 역사적 의존 관계에 대한 이전의 설명은 전혀 부적절해지게 된다. 여러 기원에 관한 동일한 모티브들이 전 지구상에 걸쳐 다양하면서도 특색있게 나타난 것은 이것들이 전적으로 독립적으로 발생했던 것이라는 사실에 출발점을 두지 않으면 제대로 설명을 할 수 없게 된 것이다. 확실히, 인류가 시원기에 관한 이야기들에서 공통적인 어떤 것을 소유하고 있다는 결론은 피할 수 없는 사실이다. 설화들은 세계와 인간에 대한 이해를 표현하고 있다. 그리고 이것은 더 넓은 범위와 더 초기 시대에 있어서 전세계 어디를 막론하고 종족과 민족, 집단에 공통되었던 것이다. 비록 서로 다른 인간 집단에서 나타난 문명과 사상이 발생 이후 발전 과정에서 다양화되었고, 결국 다른 문명간의 격차가 넓어지게 되었던 것은 사실이지만, 시원기에 대한 설화들 속에는 인류의 미래를 위한 더 앞서고 더 깊은 의미를 지닐 수 있는 그러한 사상과 이해가 담긴 공통된 기초가 자리잡고 있는 것이다. 이제 문제는 좀 더 압축된다. 그렇다면 시원기에 대한 이와 같은 설화들은 어떻게 발생하였는가? 설화들 자체가 그 기원에 대하여 과연 어떤 결론에 이를 수 있도록 해줄 것인가? 그러한 설화들에는 아직껏 그 원래의 의미를 알아볼 수 있는 흔적이 남아 있는가?

답은 "그렇다"이다. 전세계적으로 퍼져 있는 홍수 이야기는 오늘날에도, 또 다른 홍수를 경계하게 하거나 또는 그러한 일이 발생하는 사태를 막는 데 기여하는 분명한 의식(儀式)들의 맥락 안에서 일정한 위치를 차지하고 있다는 사실이 발견되었다. 우리는 바빌로니아의 창조 신화로부터 이 이야기가 신년 축제, 곧 전 과정을 통해서 세계의 갱생을 기념하는 역할을 수행했던 어떤 한 축제 때에 암송되었다는 사실을 알고 있다. 이 두 예는 창조자-창조에 관한 성찰이 원시 신화들의 맥락 속에서 발생되었다는 것을 분명하게 보여준다. 이것은 위협적인 세계에서 위협당하고 있는 인간의 성찰이었던 것이다. 결국 창조 신화들은 세계를 보존하고 삶에 안정을 제공해 주는 기능을 갖고 있었던 것이다.

그러나 창조자-창조에 관한 성찰에 대해서 시도해 온 지금까지의 해석은 철저하게 수정되지 않으면 안된다. 우리는 그동안 창조 설화들을 "어디로부터인가?" 하는, 즉 세계와 인간의 기원은 무엇인가 하는 물음에 대한 답으로 간주해 왔다. 첫 원인을 물어나가는 것은 지적인 물음이다. 그러나 전승사는 창조 설화들의 경우 후기 단계에 들어서야 지적인 문제들로 전환되었음을 보여준다. 창조 설화들 속에서 이야기한 존재는 자신의 기원에 대하여 추구하였던 철학자가 아니었다. 그 화자는 바로 자신의 주변 환경에 의해 위협당하는 인간이었던 것이다. 이를테면 지적인 문제가 아니라 실존적인 문제, 이것이 그 배경이었다.
 이제 이러한 사실이 창조 신앙에 대한 현대의 논의에 있어서 의미하는 것이 무엇인가를 분명히 밝혀보도록 하자. 논쟁의 대상은 이것이었다. 이 세계는 성서와 교회가 말한 그대로 발생하였는가, 아니면 자연과학이 지적하는 대로인가? 하지만 이와 같은 식의 물음 진술은 창조에 관한 성서의 성찰을 잘못 이해한 데 기인한다. 공격자도 방어자도 둘 다 그릇된 이해에 사로잡혀 있다. 이런 논쟁을 더 이상 계속할 의도는 없다. 오늘 이 시대에 의미를 갖는 창조에 관한 물음은 전혀 새로운 방식으로 진술되지 않으면 안될 것이다.
 설화와 행위, 혹은 전문적인 용어를 쓰자면, 신화와 제의의 관계는 제 기원에 관한 설화에 담긴 참되고도 원래적인 의미를 드러내 준다. 신화가 갖는 실질적인 의미에 대한 재발견은 종교 역사에 대한 현대의 연구가 거둔 하나의 긍정적인 결실이다. 여기서는 이에 대해서 단지 개괄적으로 살펴볼 수 있을 따름이다. 서구 그리스도교가 맨 먼저 직면한 것은 이교 세계의 다신관 속에서 독특하게 발전된 신들에 대한 이야기로서의 신화이다. 이 때 이와 같은 신화는 완전히 거부되었다. 그리고 계몽주의 이래 줄곧 이런 식으로 이해된 신화는 점점 더 역사에 대립되는 것으로서 생각되어 왔다. 역사 진술에 대가 되는, 한 사건에 대한 신화적 진술은 전혀 "비역사적"이라고 판단되었다. "신화적"이라는 형용어는 비실제적인 것, 비역사적인 것, 혹은 진실되지 않은 것을 나타내는 데 사용되기에 이르렀던 것이다.
 성서 연구에 수용되고, 루돌프 불트만(Rudolf Bultmann)의 신약성서의 탈신화화(脫神話化) 작업에서 특수한 역할을 담당하였던 것이 신화, 그리고 신화적인 것에 있어서의 바로 이와 같은 측면이었다. 한데 이 관념은 순전히 부정적이었다. 신화는 전적으로 거짓된 것이었다. 따라서 그것은 극복되고 추방되어야 할 그런 것이었다. 결국 신화의 실제적인 의미와 그것의 원래적인 기능에 대한 추구는 없었다. 사실 신화적인 일체의 것이 그처럼 극단적으로 거부되는 속에서 그러한 시도는 전혀 싹틀 수가 없었다. 이러한 탈신화화(demythologizing)는 근본적으로, 신약성서의 언어에 전제되어 있는 바와 같은 신화적인 세계 표상과 관련되어 있었다. 그러므로 탈신화화 프로그램은 오직 그 이차적인 단계에 자리잡고 있는 신화와 씨름을 벌이게 되었던 것으로, 그것은 이 이차적인 단계에서 세계와 인간에 대한 신화론을 설명하였던 것이다. 결국 이 프로그램은 첫 단계에 대해서는 아는 것이 아무것도 없는 것이다.

새롭게 구축된 신화에 대한 이해로 하여 상황이 변화되었다. 신화는 그것이 역사에 반립하는 것으로 설정됨으로써 잘못 이해되어 왔다는 사실, 그리고 신화는 원래 생존과 관련한 맥락에 속한 것으로서, 인간의 실존 이해, 위협당하는 자기에 대한 실존 이해(바로 이것이 실존적 해석이 자체의 탈신화화로써 겨누고 있는 그 목표이다)를 나타낸 표현이었다는 사실이 인식되었다. 창조에 관한 성찰이란 세계에서 그리고 인간의 위험한 상황 속에서 지금 현존하는 것이 존재하게 된 그 맨 처음, 비롯음을 재연하는 것(즉, 설화를 통하여 반복하는 것)을 의미하였다. 맨 처음과의 관계는 세계의 토대와의 관계를 의미했고, 맨 처음에 일어났던 것을 반복해서 현재화하는 것은 세계가 계속 존립하게끔 하는 그 실재의 되살림을 의미하였다.

신화는 어떤 한 실재에 대한 성찰로서, 실제로 일어났던 것에 대한 어떤 한 진술로서 간주되지 않으면 안된다. 실제로 일어났던 것에 대한 그와 같은 진술은 처음 시기에 인간이 보인 자기 실존과 세계에 대한 이해에 상응하였다. 그러므로 역사는 실제로 일어났던 것을 진술하고, 이에 반해 신화는 허구를 진술한다는 식으로 신화와 역사를 대립시키는 것이야말로 전적으로 비역사적이다. 이제는 인류의 처음 시기에 있어서 실제로 일어났던 것을 당대인들은 이 이외의 다른 그 어떤 방식으로도 이야기할 수 없었다는 사실이 좀더 분명하게 이해되고 있는 것이다.

이에 따라 제 기원에 관한 성서의 기록, 창조자-창조에 관한 성서의 성찰을 이해하는 데 있어서도 길이 훤히 트이게 되었다. 우리는 여기서 성서가 창조자-창조에 관한 교리를 왜 전혀 알지 못했는지, 그리고 왜 단지 창조자-창조에 대하여 이야기를 들려주고 있을 뿐인지, 그 까닭을 이해할 수 있게 된다. 단지 이야기, 설화 속에서만이, 재연 속에서만이 창조가 반복적으로 현재화될 수 있는 것이다. 오로지 이야기하는 것으로써만이 창조가 다시 실제적이게 될 수 있는 것이다. 인간 역사의 초기 단계에 있었던 창조 설화들이 우리의 성경에 보존되면서, 설화들로 하여 후기 시대와 후손들과 저 초기 단계 사이의 계속성이 보존되었다. 달리 말하자면, 성경의 창조 설화들에는 미래를 위해서 실재, 즉 실존과 세계에 대한 초기 사람들의 이해를 보존하는 것과 같은 그러한 방식으로 인류 역사가 하나의 전체로서, 하나의 연속체로서, 하나의 의미있는 계속성으로서 보존되어 있는 것이다.

따라서 창조자-창조에 관한 성서의 성찰은 새로운 의미를 띠게 된다. 신화적인 단계는 이제 더 깊이 캐물어 들어가는 단계, 즉 지성으로 특징지어지는 그러한 단계로 이어진다. 과거에는 위협적인 세계에서 위협당하고 있는 인간의 물음 작업으로부터 맨 처음과 맨 마지막에 대한, 실존하게 됨과 존재하기를 멈춤에 대한 물음이 떠올랐다. 지금은 한계지어진 인간이 자신의 한계들에 대하여, 그리고 그 너머에 대하여, 자기 자신과 세계가 존재하게 된 것에 대하여 묻는다. 그러나 이와 같은 지적인 추구는 위협적인 실존 사태에서 위협당하는 인간에 대한 원래적인 추구를 자체 안에 보존시켜 놓고 있다. 인간은 이때 현재 속에서 자신을 지속시키는 근거요 밑바탕으로서의 맨 처음 비롯음에 관하여 천착하고 있는 것이기 때문이다. 자기 실존의 근거요 밑바탕에 대한 원래적인 탐구는 모든 인류에 공통된 것이다. 이것은 모든 종족과 문화와 종교 속에서 나타나는 것으로서, 그 자체가 인간 존재에 속해 있는 것이다.

"어디로부터"에 대한 지적인 추구가 전면으로 드러나면서, 점차 지식과 믿음, 종교와 철학을 구별하는 길이 열리게 된 것은 둘째 단계에 이르러서일 따름이다. 창조자-창조에 관한 성찰은 전혀 나뉘지 않은 상태로 종교와 학문, 종교와 신앙을 보존한 채 이러한 분리 이전 단계에 자리잡고 있다. 성서의 창조 설화와 시원기에 대한 성찰(창세 1—11장)의 실질적인 의미는 다음과 같은 사실, 즉 여기에는 인류 역사에 대한 기억이 자체로 완결된 형태로서 보존되어 있다는 것, 그리고 현재의 인간이 그 자신을 인류 역사의 한 부분으로 체험하고 있다는 것에 놓여 있다. 이 장들은 미래를 위해서, 인간 실존의 결정적인 시점이 모든 인류에게 있어 동일하다는 것, 모든 종족, 모든 백성, 모든 인간 집단이 자신을 본질적으로 동일한 방식으로 세계 내에서의 인간으로 이해하고 있다는 것, 그리고 종교도 어떤 관(觀)도, 철학도 이데올로기도 이것들 일체가 똑같은 물음에 대한 똑같은 대답에 그 뿌리를 내리고 있는 하나의 시작, 비롯음에로 거슬러 가 닿아 있다는 것을 기록해 놓은 것이다.

성경의 맨 처음 11장에서는 전체에 대한 추구가 수천년간의 오랜 전승에 기반하여 맨 처음 비롯음과 마지막에 대한 탐구로 압축되어 있고, 또한 하느님 백성의 역사에 중점을 두고 있는 인류 역사에 대한 물음과 밀접히 관련이 있다.

창조와 시원기에 대한 성서의 성찰이 지니는 유일무이한 독자성은 바로 위에서와 같은 연계 작업에 놓여 있다. 성경의 첫 장들은 모세오경, 토라를 구성하는 한 부분으로 인식되어 있고, 이 토라의 중심부에는 이집트에서의 해방과 시나이산에서의 하느님과의 만남 그리고 이스라엘 역사의 기초와 관련된 기록이 자리잡고 있다. 이러한 이해의 대담성은 한 작은 민족의 제한된 역사가 세계와 인간을 창조한 분과 동일한 하느님이 이끌고 구원하며 보존하는 행업으로 진술되고 있다는 점에 있다. 그리고 바로 이러한 시도를 통하여 창조와 시원기에 대한 성찰이 하느님을 자신들의 구원자로서 대면하고 있는 이들에 의하여 체험되고 또한 증거되고 있는 그 동일한 하느님의 활동과 관련하여 최대한으로 광역화된 한계 영역에까지 뻗쳐 있는 것이다. 이 작은 민족이 걸었던 역정 — 하느님의 위대한 행업에 대한 체험이 있었고, 죄와 용서의 드라마가 있었고, 그 최고점과 최하점 사이의 오르내림이 있었고, 하느님의 말씀과 인간의 응답이 있었던 — 은 인류와 우주 세계에로 향해진 하느님의 행업에 그 기원을 두고 있는데, 이 백성은 언젠가는 다시 자신의 우주적인 활동의 합류 지점에로 통하는 길을 발견하게 될 것이다.

〈가〉

시원 사건으로서의 창조

창조에 대한 전통적인 진술에 대해서 좀더 바로잡아야 할 필요가 있다. 그동안 교회의 전통과 가르침에서 성경의 맨 처음 세 장은 따로 분리되어 다루어졌다. 말하자면 이 장들은 좀더 광범위한 맥락 — 그것들은 이 안에서 이해되어야 할 것인데 — 즉, 성경의 맨 처음 11장을 포괄하는 기원들과 관련한 기록 속에 자리잡고 있다는 사실이 주목되지 않았다. 하지만 기원들에 관한 내용은 전체로서만 이해될 수 있을 따름이다. 세계의 창조와 인간 창조, 하느님이 인간을 데려다 놓은 동산과 동산에서 인간을 내쫓은 일을 다루는 첫 3장을 분리, 고립시킨 결과, 이 장들 그리고 이것들만이 교회의 가르침에 있어서 중요하고 본질적인 것으로 간주되어 왔다. 이에 따라 창조와 타락에 의해 성경이 실제로 기원들에 관하여 이야기하는 내용이 몰각당한 상태에서 저 창조와 타락에 대한 가르침이 대두되기에 이르렀던 것이다. 창세기 4—11장에서 계속 이어지는 기원들에 관하여 다루고 있는 다른 대목들은, 결과적으로 교회 역사 내에서 거의 별다른 실질적인 의미를 갖지 못하게 되었고, 교회의 가르침이나 설교 혹은 교육에서도 거의 언급되지 않았다. 기원들에 관하여 다루고 있는 이 두 그룹의 텍스트들에 부여된 다른 가치 평가는 교의신학에서 비롯한 것이었다. 창조 교리와 타락에 대한 교리는 교의신학에 있어 기본적인 것이었고, 남은 장들이 이야기하지 않을 수 없었던 내용들은 여기서 중요치 않게 여겨졌던 것이다.

그러나 이와 같이 그 대목들에 부여된 다른 가치 평가는 본문에 토대를 둔 것이 전혀 아니다. 창세기 1—11장이 단일한 통일체를 겨냥하여 구성되었다는 사실에는 의심의 여지가 있을 수 없다. 기원들에 관한 기록은 전체의 맥락을 벗어나서 이해될 수 없는 어떤 것을 말하고 있다. 만일 이러한 장들이 교회의 가르침과 설교에 있어서 어떤 한 의미를 갖고 있다면, 그것은 오로지 기원들에 관한 기록이 하나의 전체로서 이야기해야 하는 그 내용으로부터만 그러할 따름인 것이다.

이와 같은 사실을 있는 대로 인정하는 것은 창조에 관한 성서의 성찰을 이해하는 데 있어 엄청난 결과를 가져온다. 초세기와 중세 시대 그리고 계몽 사조가 발생하기에 이르기까지 세계와 인간에 대한 서구의 이해는 세계와 인간에 대해서 언급되어야 했던 본질적인 모든 것이 성경의 첫 3장, 즉 창조와 타락에 관한 기록을 통하여 이야기되었다는 확신에 의해 규정되었다. 이렇게 해서 무대가 세워졌고, 그 위에서 세계의 드라마가 연출되었던 것이다. 즉, "모든 것"이 하느님이 세계를 창조하였고, 거기에 인간을 있게 하였다는, 그리고 인간이 순명치 않아 죄에 떨어졌고 지금은 다른 상태, 타락한 창조물 속에서 타락한 인간의 상태에서 타락한 인간의 신분으로 살게 되었다는 그 설화와 더불어 이야기되었다. 인류 역사에 있어서 다음으로 중요한 사건은 그리스도의 수난과 죽음 그리고 부활이었던 바, 인류 역사의 남은 부분은 타락과 구속(救贖) 사이에서 연출되었다. 압도적이고도 당당하게 자체 완결적인, 이와 같은 인간 역사에 대한 이해는 서구 문화 전체, 교회와 국가간의 관계, 사회 체제 그리고 일체의 예술 방면을 지배하고 있었다. 새로운 시대가 떠오른

것은 오로지 계몽 사조의 인본주의적·과학적 혁명으로써였다.
세계와 인간에 대한 이렇게 당당하게 자체 완결적인 이해는 그 이해의 골격이 창세기 1—3장에 근거해 있을 때, 창조와 타락에 한정되어 있을 때 가능할 수 있을 따름이다. 단지 창조에서 타락에로, 타락에서 구속에로 이어지는 노선만이 실제로 관건이 되는 식으로 이렇게 지나치게 협소한 시각은 기원들에 관한 성서의 기록이 세계와 인간을 위한 토대로서 제시하는 그외의 다른 일체의 것들에 대해서는 관심을 기울이지 않는다. 그처럼 협소한 시각에는 어떤 여지가 없다. 하지만 성서 기록은 인간과 세계를 더 넓고 더 명료한 전망 안에 위치시켜 놓고 있다. 인간은 하느님 앞에 존재케 되었을 뿐만이 아니다. 인간은 맨 처음부터 일하지 않으면 안되는 사회적인 존재로서, 이러한 자신의 신분으로부터 나타나는 결과로 여러 문제들을 안고 있는 그러한 사회적인 존재로서 드러나고 있기도 한 것이다. (선과 악을) 알게 된 이후에 전개되는 인간의 고통에 찬 분투는 인간 존재의 특성인 것으로서, 이는 애초부터 예술과 과학 기술 영역에서 인간 성취를 증진하고자 하는 충동에 닿아 있다. 인간의 역사는 단순히 종교적인 측면에서만 파악되는 것은 아니다. 즉, 그 드라마는 언제나 서로가 서로에 상호 작용하는 두 흐름에 의해 예시되는 것으로서, 증대를 가져오는 축복이 그 한 흐름이고, 커다란 자연적 재앙과 정치적 역사의 원천이 되는 민족의 분립이 또 다른 한 흐름이다. 기원들에 관한 성서 기록에서의 경우, 죄는 교회 전통에서 형성되었던 것처럼 그렇게 협소하고 개인주의적인 관념이 아니다. 그것은 더 넓은 전망 속에서 조망되고 있다. 이를테면 그것은 저 다른 한계, 인간 실존 전체를 규정하는 저 부적절성 혹은 한계들을 넘어간 상태로 이해되고 있는 것이다. 죄는 인간 삶의 모든 영역에서 많은 형태로 드러나고 있지, 단순히 인간과 하느님의 개인적인 대면 양식으로 드러나지 않는다. 그것은 인간 공동체의 모든 측면에서 헤아려져야 할 것으로서, 인간은 정치 세계에서와 마찬가지로 그 공동체에서도 역시 활동중이다. 결국 이와 같은 견해는 그리스도교 교회의 전통 속에서 지금까지 통용되어 왔던 것과는 전혀 다른 인간관, 세계 내에 몸담아 살고 있는 인간에 대한 전혀 다른 이해이다. 이는 우리가 인간과 세계에 대해서 원래 이야기되었던 것의 기점이 성경의 첫 세 장에 제한되어 있는 것이 아니라 기원들에 관한 기록 속에서 발견될 것이라는 사실을 깨달을 때 비로소 우리에게 열려오는 그러한 전망이다. 그러면 이하에서는 기원들에 관한 기록 중에서 두번째 부분을 분리시킬 때 미치는 영향이 특히 두드러지게 나타나는 몇몇 대목들에 관하여 살펴보기로 한다.

(1) 무엇보다도 먼저 3장과 4장에 나타나는 두 설화가 — 둘 다 인간의 사악성을 다루고 있고, 분명히 양자가 서로 보충되도록 의도된 것이었는데 — 갈려서 서로 떨어지게 되었다. 창세기 3장은 죄스런 상태로의 인간의 타락으로 이해되어 왔고, 이에 따라 부패가 자리잡게 되었다는 것으로서, 그후로는 눈덩이처럼 불어나는 건 죄뿐이었다고 이해될 따름이었다. 이렇게 됨으로써 이 두 상호 연관된 이야기 속에서 화자(話者)가 전하고자 하는 의도가 심각하게 잘못 이해되었다. 원래 화자는 하느님이 창조한 인간이(2장) 사악한 존재였고 하느님에 대한 그의 관계(3장)에서만이 아니라 그의 형제에 대한 관계(4장)에서도 마찬가지로 한계가 있었다는 점을 보여주기를 원했었다. 이 설화들은 서로를 보충하고 있는 것이다. 화자는 하느님에 대한 불복종과 형제에게 가해진 범죄를 진술하지 않을 수 없었는데, 그는 이렇

게 함으로써 한계성과 사악성이 한 창조물로서의 인간의 신분에 속한다는 것을 설명하려는 것이었다.

한데 만일 타락이 3장에서만 파악된다면, 반드시 성서의 가르침에 대한 왜곡이 있을 수밖에 없다. 3장과 4장간의 연계를 끊어 놓고 3장을 일방적으로 강조한 결과 교회는 그 가르침과 실천에 있어서 죄에 대하여 너무 지나치게 개인주의적인 이해를 조장하는 데 실질적으로 기여하였던 것이다. 만일 설화자가 죄를 지은 당사자들에게 하느님이 제기한 두 가지 질문, "(아담아) 너 어디 있느냐?"와 "너의 아우 아벨은 어디 있느냐?"*에서 일부러 동일한 진술 방식을 사용했다면, 그래서 하나가 다른 하나를 그대로 반향시키게 하고 있는 것이라면, 그는 우리가 죄라고 일컫는 것, 우리가 인간의 한계들이라고 지칭하는 것이 하느님을 거슬러서, 그리고 자기 형제를 거슬러서 향해진 인간의 사악함을 내포하고 있다는 사실을 인정하게 하기 위하여 그렇게 하고 있는 것이다. 설화자는 하느님에 대한 인간의 책임과 공동체 속에서의 그의 책임이 분리될 수 없다는 점을 지적하기 위해서 이 두 질문을 상응되게 구성한 것이다. 오늘의 교회 내에서 사회적 분란이 그토록 자주 돌출되고 있는 데는 많은 이유들이 있다. 그 중의 한 가지 이유는, 교회가 죄에 대한 이해 면에서 창세기 3장에다가 너무 편협하게 스스로를 제한시킨 상태에서

---

* 이하 창세기 역문은 고 선종완 신부의 〈창세기〉(한국 천주교 중앙 협의회, 서울 1959)를 따르는 것을 원칙으로 하였다. 단, 여기에 쓰인 종결어미는 현대 감각에 맞게 고쳐서 표현하였고, 인명과 지명은 〈공동 번역 성서〉(대한 성서 공회, 서울 1977)를 따랐다. 또한 "엘로힘"에 해당하는 역어로 사용된 "천주"는 모두 "하느님"으로 통일하였다. 그리고 문맥상 부득이하게 필요한 경우에 한해서 표준 개역 성서(RSV) 텍스트에 따라 사역을 시도하였음을 밝혀 둔다 — 역주.

4장의 관심사인 사회적 책임에 대해서는 소홀하였다는, 아니면 적어도 충분히 고려하지 않았다는 점에 있다. 이러한 사실은 성서의 인물들에 의하여 발휘된 영향에서 극히 분명하게 파악해 볼 수 있다. 예컨대 아담과 하와는 서구의 사상과 예술 그리고 오늘날의 노래 가사나 농담에 이르기까지 전 역사에 걸쳐 완전히 함께해 오고 있다. 하지만 카인과 아벨은 언제나 그늘에 가려진 인물들에 지나지 않았다. 요즘에 와서야 존 스타인벡(John Steinbeck)이 그의 소설 〈에덴의 동쪽〉(*East of Eden*)에서 보여주고 있듯이, 이들에 대한 어떤 관심이 일어나고 있다.

(2) 인간 문명 발생의 광범위한 틀이 4장의 두번째 부분에 나오는 족보 또는 계보 속에서 그 자취를 드러내고 있다. 즉, 농경(4, 1)과 도시의 건설(4, 17), 가축 사육과 더불은 유목생활, 금속을 다루는 작업, 그리고 음악의 발달(4, 18-22)이 그것이다. 앞의 첫 세 장 역시 일과 관련하여 지극히 근본적인 어떤 것에 대한 진술을 담고 있다. 땅을 지배하여 다스리라는 사명이 이것과 연계된 축복과 함께 인간에게 부여되고 있고(1, 26-28), 하느님이 인간을 데려다 놓은 동산을 경작하고 돌보라는 사명 또한 인간에게 부여되고 있는 것이다(2, 15). 창세기 1—3장과 4—11장의 분리가 파국적인 결과들을 낳게 되는 것이 바로 여기서이다. 일은 본래 그 자체로 4, 17-26의 주제를 이룬다. 그리고 일의 분화와 문명의 진보가 계속적인 성취로 이어지는 족보에 의해서 진술된다. 인간에게 내려진 하느님의 명령으로서의 문명 발달이 예술과 과학 기술상의 진보는 물론 일의 분화와 관계된 전 문제를 포괄하고 있다는 점이 분명하게 드러나는 것은 오로지 이 자리, 이 맥락에서인 것이다. 전적으로 창세기 1—3장으로 정향되어 있는 교회의 가르침이 정적인 입장에서 인간의

일을 바라볼 수밖에 없는 것은 뻔한 일이다. 하느님이 인간에게 땅을 일구라는 사명을 부여했다는 것으로 족하다는 것이고, 이 내용으로써 일에 대하여 신학적으로 관련된 모든 것이 이야기되었다는 식이다. 창세기 4,17-26은 일에 관한 그리스도교적 윤리를 다루는 진술 속에서 전혀 인용되지 않는다. 그렇지만 하느님이 인간에게 부과한 일이 정적인 어떤 것이 아니라는 점, 축복에 속하는 성장력이 지극히 분명한 인간의 자질이요, 이것은 인간에게 결정적이고도 의미있는 것이라는 점, 그리고 그 누구도 일의 다양화와 진보를 젖혀놓고는 일에 관하여 신학적으로 언급할 수 없다는 점이 명시될 자리가 바로 이 자리인 것이다.

4장의 두 부분들이 "타락한 인간"에 대해서 다룬다는 전제, 바로 그 전제 때문에 문명의 발달, 발견과 진보 위에 그늘이 드리워지게 되었다. 이런 것들은 타락한 상태에 있는 인간에게 속한 어떤 것으로 여겨지고 있다. 그리고 이것들은 카인의 표지를 띠고 있기 때문에 의혹에 찬 눈초리를 받고 있고 또 그렇기 때문에 이 세계에 허용된 것으로서 간주되어 왔던 것이다. 이렇게 될 때 우리는 교회의 전통 속에서, 인간의 진력으로 말미암은 발달과 성취에 대한 순수하고도 호의적인 관심이 실질적으로 왜 그렇게 전혀 기울여지지 않았는가를 이해할 수 있게 된다. 일에 대한 그리스도교적 윤리는 정적인 동시에 보수적이다. 이런 식이다. "내가 하지 않으면 안되는 것을 근면하게 행할 수 있도록 해주십시오." 과학과 기술 공학상의 진보는 무관심하게, 아니면 불신 속에 받아들여졌다. 이와같이 정적이고 보수적인 일, 노동의 윤리는 생활 방식이 전반적으로 농경 문화적인 한, 통할 수가 있었다. 그러나 농경 문화 시기가 끝나면서 성취 세계와 그리스도교적 사고 방식과 윤리간에는 완전한 결렬 상태가 초래될 수밖에 없었다. 이러한 현상은 커다란 사회 혁명들, 그리고 무신론의 깃발 아래 버티고 있는 그 혁명들의 이데올로기적인 선입관들과 맞물려 있다.

(3) 6—9장의 홍수 설화는 세계와 인간 창조 설화들과 밀접하게 연결되어 있어서 그 각각은 다른 설화를 통해서만이 비로소 정확하게 이해될 수 있을 따름이다. 홍수 설화와 창조 이야기의 마지막 부분간에 유사성을 보인다는 것은 자명한 사실이다. 창조자는 자신이 행한 창조계를 수중에 장악하고 있고, 이러한 사실이 삶에 대한 위협으로써 표현되고 있다. 홍수 설화는 확실히 삶이 파괴될 가능성에 대하여 다루고 있다. 하지만 이 설화의 마지막에 이르러서 자신이 창조했던 생명을 "땅이 이어가는 동안"(8,22a)은 다시는 멸망시키지 않으리라는 하느님의 약속이 나타난다. 결국 루터가 〈교리 입문서〉에서 "나는 하느님께서 나와 모든 창조물을 창조하셨고 … 지금도 나를 보존하고 계심을 믿나이다"라고 표현하였듯이, 앞서의 창조 진술이 보존에 대한 약속을 통하여 보충되고 있는 것이다.

창조를 보존과 밀접히 연결지어 이해할 때, 우리는 성서에 나타나는 창조 진술에 대한 더 명백한 왜곡, 다시 말해서 창조자-창조에 대한 성찰이 단지 세계와 인간의 기원에 관한 정보를 제공하고 있다는 왜곡을 미리 막을 수 있게 된다. 창조에 관한 성서의 진술이 첫 원인 또는 제1원인에 대한 가르침을 유발시켰던 것은 중세 철학의 영향하에서였다. 그러나 제1원인으로서의 하느님은 창조자로서의 하느님과는 전혀 다른 어떤 것이다. 시원 사건들에 대한 기록 속에서 창조와 홍수 사이에 나타나는 상응성은 더 폭넓은 의미를 지닌다. 맨 처음에 대한 물음은 마지막에 대한 물음을 불러일으키는 법이다. 그리고 마지막에 대한 물음은, 우리가 인간의 총체성과 인간의 모든 차원에 관하여 종적으로도 횡적으로도 관심을 기울일 때, 결코 옆으로 밀어젖힐 수 없는 물음이다. 인간은 그가 창조되었기 때문에, 바로 그때문에, 자신 안에 인간 신분의 한 본질적인 요소로서의 죽음에 의한 한계를 띠게 된다. 이것은 설화의 전개에 있어서 중요한 사항이다. 그리고 홍수 설화는 인류의 역사가 마지막을 맞게 되리라는 사실을 아주 분명하게 지적하고 있기도 하다. 맨 처음 시기에 있었던 재앙은 마지막에 있을 재앙을 가리킨다. 그 사이가 보존의 시기인 것으로, 이 보존은 "땅이 이어가는 동안" 지속될 것이다. 우리는 여기서 시원기와 마지막 시기간의 상응성을 보고 있다. 구약성서와 신약성서 마지막에 보이는 묵시적인 작품 속에는 시원 사건들 속에서 그러한 것과 똑같이 세계와 인류의 운명에 대한 관심이 나타나 있다. 이를 통해서 처음과 마지막 모두를 포괄하고 있는 인류에 대해서는 물론 개별인의 인간 신분에 대해서 역시 어떤 의미가 부여되고 있다. 창조자에 대해서 이야기하는 것은 곧 전체에 대해서 이야기하는 것을 의미하는 것이다.

기원들에 관한 이야기의 맥락

위에서 든 여러 예들은 시원 사건들이 일관성을 띤 하나의 전체로서 서술되었다는 것, 그 결과 창조는 이와 같은 일련의 맥락 속에서만 이해될 수 있을 뿐이라는 사실을 보여주었다. 기원들에 관하여 다루고 있는 본문들을 개괄해 보면 이 점이 분명해질 것이다.

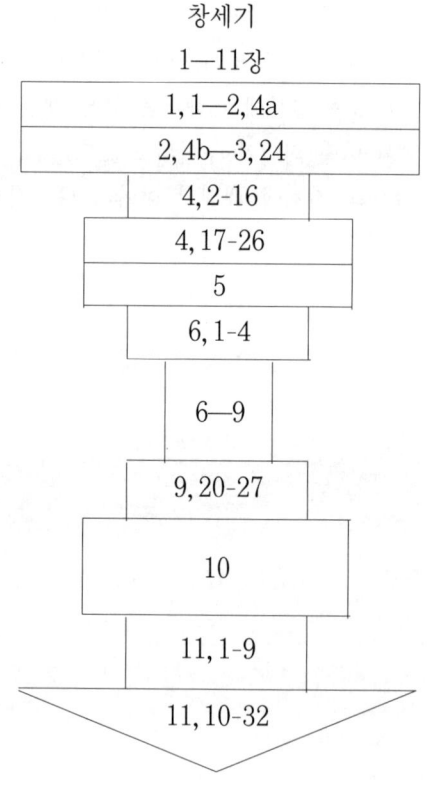

1. 창조와 홍수 사이의 연관성은 지극히 분명하다. 홍수 이야기는 기원들에 관한 기록의 중간 부분에서 전해지고 있다. 이 이야기는 지극히 두드러진 방식으로 창조 이야기들을 회상시키는 어떤 구절들로 끝난다. 즉, 노아가 축복받고, 홍수에서 구해진 인류는 노아를 통하여 축복받으며, 번성하라는 명을 받는다. 축복으로써 어떤 한계들이 설정되는데, 이는 창조에서와 마찬가지이다. 창조와 홍수는 다음과 같이 표현될 수 있는 것처럼 서로 보완적인 관계에 놓여 있다.

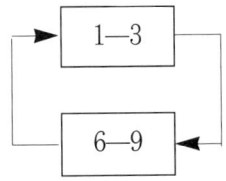

2. 인간 창조는 "자식(을 많이) 낳아 번성하여라"라는 축복으로 끝맺는다. 이 축복은 5장에 기록된 후손들의 대물림을 통하여 실현된다. 만일 창조와 대홍수가 한데 속하는 것이라면, 위에서 입증된 바와 같이, 이러한 사실은 축복의 실현에 있어서의 상응성을 통하여 이러한 면모가 확인되지 않으면 안될 것이다. 그리고 사실 그렇게 나타난다. 1, 28의 축복이 5장의 족보에서 실현되는 것이다. 그리고 9, 1의 축복이 10장의 족보에서 실현되는 것은 그대로 앞의 것에 상응성을 보인다. 이것은 의도적인 것이다. 그리고 이는 5장의 족보가 연대기적인 대물림 속에서 축복을 성취함을 보여주고, 10장의 족보가 영토의 확장 속에서 그 축복을 성취함을 보여주는 사실로써 입증되고 있다. 우리는 이제 기원들에 관한 기록의 구성에 자리잡고 있는 좀더 긴밀한 관계를 인식할 수가 있다. 다음의 도표를 보라.

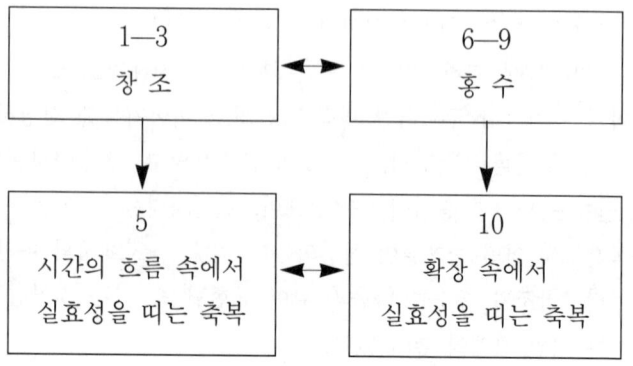

이렇게 볼 때 시원기에 발생한 사건에 대하여 기술하고 있는 다음과 같은 두 가지 기본적이고도 특징적인 양식, 즉 열거 양식 (enumerative form)과 설화 양식(narrative form)이 존재한다. 대홍수는 하나의 사건으로서, 이것은 설화 형태로 전해지고 있다. 그리고 창조와 홍수에 뒤따라서 후손들의 대물림이 열거된다. 발생했던 일을 서술하는 이와 같은 두 가지 기본 양식이 기원들에 관한 성서 기록 속에 동시에 자리잡고 있다. 결국 한 발생 사건은 설화와 극적인 행위에 의해서는 물론 족보나 연대기에서처럼 사건들의 계기(繼起)에 대한 단순한 개진에 의해서도 모두 기술될 수 있는 것이다. 이것은 그 어떤 역사 서술에 있어서도 나타나는 기본적인 문화-역사적 "소여"(所與)인 것으로서, 모든 발생 사건에는 두 가지 불변 요소, 즉 부단한 진전과 극적 행위의 긴장이 자리잡고 있다. 기원들에 관한 성서 기록의 구조를 특징짓는 두 가지 서술 형태는 바로 여기서 비롯된 것이다.

3. 일은 맨 처음부터 인간 조건에 속한다. 이것은 창조자가 창조를 하면서 "온 땅을 채워 그(땅)를 복종시켜라"(1, 28)고 인간에게 사명을 부여할 때 간직했던 그의 의도이다. 인간은 동산

에 데려다 놓이게 되었고, "그(동산)를 부치며 그(동산)를 지키라"(2, 15)는 사명을 받는다. 창조 축복의 맥락 속에서 부여된 이 명령이 4, 17-26에 나타나는 인간의 성취에 따른 발달 및 성장을 전하는 기록 속에서 그 실현에 이른다는 사실은 앞에서 이미 밝혀졌다. 이것과는 서로 다른 류의 족보이기는 하지만 5장과 10장에서와 같은 족보 역시 마찬가지이다. 여기서도 인간의 진력으로 말미암은 성장이 일종의 족보 형태로 서술되고 있는 것이다. 인간의 일이 인간 종족의 성장의 일부를 구성한다는 것은 다 받아들여지고 있는 사실이다. 인간이 하느님의 한 창조물이기 때문에 인간이 부여받은 그 축복의 역동성은 일 안에서 실현된다. 인간이 하느님으로부터 받은 축복은 고정되고 경직된 어떤 것이 아니다. 오히려 일의 종류의 다양화와 문명의 진보 및 성취로써 표현되는 성장 과정은 바로 그 축복의 본질적인 성격에 속하는 것이다. 일의 분화와 그 분화의 효과는 문명의 역사가, 그리고 마찬가지로 인류의 역사가 시작할 때부터 있었다고 하는 칼 마르크스의 통찰은 이미 기원들에 관한 성서 기록 속에서 개진되고 있음을 보게 된다. 이러한 통찰이 더 자세하게 전개되어 나가는 방식은 일이 얼마나 중요하였는지, 그리고 기원들에 관한 기록에 등장했던 인물들에게 그것의 의미가 어떠하였는지를 보여준다. 창세기 4, 17-22는 특수화된 전문 영역으로의 문명 발달과 그 진보에 대하여 지극히 긍정적인 시각을 견지하고 있다. 그것은 하느님이 부여했던 성장력에 그 기원을 둔다. 일을 하라는 사명은 두 가지 기본적인 생활 방식의 분화로 나타나는데, 농경-정착생활과 유목생활이 그것이다. 그 결과로써, 도시의 건설과 예술(음악 예술이 먼저다) 그리고 기술이 나타났다. 이어서 문명 성취의 증대와 기술의 진보로 하여, 힘에 대한 자각이 불러일으키게 될 가능성, 그리고 한계들을 지나쳐 넘어가고 여러 잘못에 빠질 수 있는 그 가능성에 대하여 주의가 기울여진다. 인간의 진력으로 말미암은 성장을 서술하는 4, 17 이하의 족보는 23-24절에서 라멕의 오만스런 노래로써 끝난다. 여기서 라멕은 자기 무기를 힘으로 내세우는 자의 천박한 자만심을 드러내고 있다. 한편 기원들에 관한 기록의 마지막에 나오는 탑의 건설 설화(11, 1-9)는 인간 — 그의 정상이 하늘에 닿는다 — 의 손이 하는 일의 가능성, 그리고 그처럼 한계를 지나쳐 넘어가는 결과들의 가능성에 대하여 이야기한다.

4. 텍스트상에서 이외의 남은 부분들은 한 특수 그룹의 설화, 죄와 벌(모두 J 문헌 자료에 속한다)에 관한 설화에 속한다. 야휘스트는 하느님에 의하여 창조된 인간이 결함이 있는 인간이라는 점을 보여주기를 원했다. 그는 인간이 실패할 수 있었던 많은 경로들을 지적하는 데 관심을 기울였다. 이같은 현상이 나타나는 설화들에는 두 그룹이 있다. 한 설화-군에서는, 하느님에 대한 관계(3장)에 있어서나 자기의 동료 인간에 대한 관계(4, 2-16)에 있어서 모두 자신이 결함이 있음을 보여주는 것은 개인으로 나타난다. 그런데 다른 설화-군의 경우 한번은 종족의 한계를 벗어남으로써 그리고 다시 기술의 한계를 벗어남으로써 결함을 보이는 것은 바로 인류, 이를테면 집단으로 나타난다. 두 경우에서 결함은 인간의 한계들을 지나쳐 넘어가는 데에 놓여 있다. 두 경우에서 모두 인간의 신분, 인간이 처한 상태는 어떤 한계들 내에 있는 세계-내-존재로서 특성지어지는데, 이 설화자에 따르면 그 한계들만이 참된 인간 신분을 가능케 하는 것이다. 이 두 경우에서 우리는 한 가지 중요한 배치를 판별해 낼 수 있으리라 싶다. 개인의 결함을 다루는 두 대목은 "인간"의 창조에 종속되어 있고, 그 결함이 "인간들"의 또는 "인류"의

그것으로 나타나는 두 대목은 홍수 설화에 종속되어 있음을 볼 수 있는 것이다.

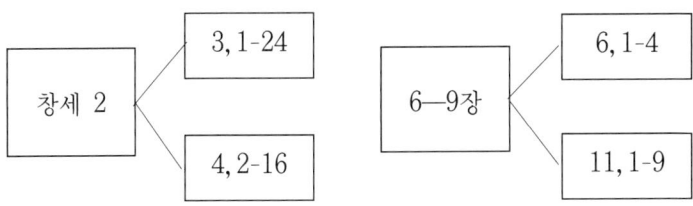

이러한 현상은 기원들에 관한 성서 기록이 의도적으로 하나의 전체로서 기획된 통일체라는 사실을 드러내 준다. 그러므로 우리가 각각의 단위들을 이해하기 위해서는 이 전체를 가지고 출발하지 않으면 안되는 것이다.

5. 이야기 전체의 일관성은 우리가 그 전체를 한데 묶어주는 교정-형태를 검토해 볼 때 훨씬 더 분명해진다.
① 족보들의 구조는 1—11장의 외적인 뼈대를 이루는데, 그것은 아담에서 아브라함까지 이어지는 각 세대들의 연쇄 형태로 펼쳐져 나간다.
② 인간 창조는 홍수로부터 구해질 때와 마찬가지로 축복과 연결되어 있다. 1, 28은 9, 1과 거의 말마디 하나하나가 그대로 상응할 정도이다.
③ 실패들에 관하여 다루는 설화에는 하나의 기본 모티브가 관통해 있나. 즉, 먼지 뱀이 인간에게 "너희가 하느님과 같이 되리라"(3, 5)고 보증한다. 이어서 6, 1-4는 인간이 하느님의 영역으로 넘어 들어감을 지적하고 있고, 11, 1-9에서는 하늘에까지 이르기 위한 탑이 세워지고 있는 것이다.

시원 사건으로서의 창조 43

④ 하느님이 내리는 벌들에 나타나는 주요 모티브는 하느님으로부터의 소외이다. 말하자면 인간이 동산에서 쫓겨나고(3, 21-24), 카인은 저주받고(4, 11. 16), 11, 1-9에서는 하늘에까지 이르게 하려고 했던 건축물이 파괴된다.

⑤ 3장과 4장간에는 이 둘을 연결하는 것으로서 비록 포착하기는 쉽지 않으나 매우 중요한 한 교직-형태가 있다. 이 두 설화의 구조는 대단히 유사하다. 그리고 그 유사성은 그 각각의 경우에 하느님이 인간에게 내던지는 거의 동일한 질문 속에서 지극히 의도적인 것으로 나타난다. "너 어디 있느냐?"와 "너의 아우는 어디 있느냐?"는 물음이 바로 그 질문이다.

이렇게 길게 연속되는 상응 현상들은 1—11장이 하나의 통일체로서 의도되었음을 보여준다. 그러므로 주석은 바로 이 노선에 따라 시도되어야 할 것이다. 어떤 한 부분은 다른 부분과 더불어서, 그리고 그 다른 부분으로부터 이해될 수 있을 따름이다. 따라서 이제 더 이상 1—3장을 4—11장에서 단절시켜서 여기에다가 "창조와 타락"이라고 이름붙일 수가 없다. 1—3장을 4—11장에서 분리시키게 되면 거의 필연적으로 그것들을 잘못 이해하는 결과가 나타나게 될 것이다. 성서 작가는 하느님에-의하여-창조된-인간과 하느님에-의하여-창조된-세계를 창세기 1—3장에서가 아니라 1—11장에서 진술하고 있는 까닭이다.

결론 삼아서 기원들에 관한 성서 기록의 문학-이전의 성장과 문학적인 성장에 대하여 간략히 언급하는 것이 바람직할 듯싶다.

성경의 첫 11장은 신약성서에 나오는 바울로의 편지나 구약성서의 역대기 작가의 작품과 같은 방식으로 문학적인 작품으로서 구성된 것이 아니었다. 문자화된 초고는 오히려 오랜 형성사 (history of formation)의 마지막 산물인 것이다. 기원들에 관한 이야기의 각 구성 부분은 이미 그 자체의 고유한 삶의 역사 (life-history)와 그 자체의 전승의 역사(tradition-history)를 갖고 있다. 그리고 구전 전승 시기 동안에 각 설화들이 많은 변체들을 갖게 되었다는 것은 지극히 통상적인 일이었다. 누군가가 문자화된 텍스트를 확립해 나가기 시작했을 때, 그가 보이는 기본적인 경향은 "원시적인 텍스트"를 적어 놓는 것이 아니라 ─ 구전 전승의 많은 변체들 가운데서 그와 같은 것은 전혀 없었던 것이다 ─ 가능한 한 많은 전승을 보존하는 것으로 나타난다. 우리는 구전 전승에서 유래된 텍스트들이 이것이 마지막으로 작성될 때에 그 속에 당시의 많은 변체들의 흔적을 남겨놓았다는 사실을 발견해 낼 수 있도록 준비되어 있지 않으면 안된다. 우리는 이런 류의 텍스트들 속에서, 한 인물의 마음 속에서 착상되었고 그런 한 인물에 의해 시종일관 추구되는 계획 속에서 도모되는 어떤 한 통일체를 발견하리라고는 전혀 기대하지 않는다. 창세기에 전해지는 설화들은 구성된 것이 아니다. 그것들은 자라나왔다. 성장해 온 것이다. 이러한 성장의 흔적은 그것들 대부분에서 한결같이 확인해 볼 수가 있다. 예를 들면, 우리는 창세기 1장의 창조 이야기 속에 전해지고 있는 배치 그 배후에서 훨씬 더 오래된 배치 형태를 식별해 낼 수가 있다. 이에 비해 창세기 2—3장의 창조 이야기는 원래 전혀 독립된 두 가지의 설화를 토대로 해서 인위적으로 짜맞춰진 형태인 것이다.

우리에게 전해져 내려온 것은 구전 단계에서 문자화된 전승 단계로 넘어온 개별적인 설화 하나하나가 아니다. 우리는 그 설화들이 단지 한 구성 요소로 나다니 있는 더 커다란 작품들을 통하여 그것들을 알 따름인 것이다. 문자로 옮겨진 더 큰 작품들을 가지고 새롭게 구성되었던 것은 우선 성경의 맨 처음 다섯 권인 저 커다란 작품으로서의 5경이다. 성서 주석 작업의 대부분이 바로 이 문자화된 작품들에 대해서 한 세기에 걸쳐 전력투구되었다. 문학-비판 방법은 원천 자료로의 분리, 다시 말해서 텍스트들을 서로 다른 문학적 원천(자료)으로 갈라놓는 작업에 대해서 상당한 관심을 불러일으켜 놓았다.

주석 학자들은 이야기를 원천 자료들로 분리하는 데 있어서, 단지 약간의 논란이 있기는 해도, 아주 확고하게 정립된 결론에 이르렀다. 먼저 창세기 1—11장의 본문들은 두 가지 문학 작품, J와 P, 즉 야휘스트와 제관계 저술에 속한다. 제관계 저술은 기원전 5세기경에 나타났고, 야휘스트 작품은 기원전 10~9세기경에 나타났다. 두 작품은 P가 1,1—2,4a의 창조 이야기로 시작하고, 이어서 이것이 5,10,11장에 전해지는 커다란 세계보 안에서 계속 이어지는 방식으로 짜맞추어졌다. 홍수 설화는 6—9장으로서 이 구성의 중앙에 위치한다. 야휘스트계 자료는 P의 전체 구조에 삽입되어서 인간의 창조가 P의 창조 이야기에 곧바로 이어지도록 구성되었다. 한가운데에 자리하는 홍수 설화에서는 이 두 작품들이 함께 나타난다. 즉, 여기서는 J와 P가 뒤섞여 짜여져 있는 것이다. 10장과 11장의 족보들은 일부는 J에 일부는 P에 속한다. 그리고 5장의 족보는 제관계 작품으로서, 4,17-26에 나오는 야휘스트의 그것에 대응한다. 기원들에 관하여 전하는 기록들로 구성된 이 모든 부분에서 J와 P 사이에는 일반적인 상응성이 나타나고 있다. 그러나 J는 죄와 벌에 관한 일련의 설화들(창세 3장; 4,2-16; 6,1-4; 9,20-27; 11,1-9)에서 하느님에-의하여-창조된-인간의 한계들을 지적하는 대목에서 P와는 첨예하게 다르다. 아무튼 P는 홍수 설화가 시작되는 부분에서야 비로소 인간 종족의 부패에 관하여 주의를 환기시키고 있다.

시원 사건들에 대한 독립된 두 서술 — 각기 그 자체의 문체와 여러 가지 독특한 내용들을 띠고 있는 — 에 대하여 파고들어가는 데에 있어서 어려움은 없다. 문학-비판 연구가 시도되던 시기 동안에는 성서 주석의 목표가 원천 자료들의 구분에 성공하고 아주 분명하게 나타난 저작물들의 독특성에 대하여 정확히 서술해 냄으로써 달성될 듯이 보였다. 그런데 전승사에 대한 연구와 더불어 새로운 접근 방법이 나타났다. 이 접근 방법은 우리에게 전해져 내려온 텍스트에 전혀 새로운 차원을 열어준다. 이 방법론의 목적은 각 개별 전승들이 지금 문자화된 텍스트에서 보이고 있는 그러한 양식을 부여받기 이전에 — 예를 들면 제관계 창조 이야기가 — 거쳐 온 과정을 밝혀내는 것이다. 한데 이와 같은 작업을 통하여 J와 P의 문자화된 작품들을 보는 우리의 시각이 근본적으로 달라졌다. J와 P는 이제 더 이상 — 문학 비판 학파가 이 둘에 대하여 이해하고 있는 것처럼 — 원래의 창작자인 작가들로 간주될 수도 없을 뿐만 아니라, 이미 다 갖추어진 전승들을 연속해서 죽 이어놓은 단순한 전승 채집가들인 것도 아니다. 그들의 개별적인 공헌은 그들이 한편으로 옛 전승들을 보존하여 후대에 전해 준 전승 보존자들이라는 점, 그리고 다른 한편으로 이 전승들을 전체 속에 배치시키고 삽입하는 작업을 통하여 새로운 시대에 새로운 메시지를 선포한 선포자라는 점에 있는 것이다. 종교사상 높은 등급이 매겨져 있는 이 작품들이 갖는 중요한 의미는 과거로부터 보존되어 온 것과 새롭게 창출된 것, 전승과 해석, 조상의 유산에 대한 충실한 책임과 농시대 상황에서의 획기, 이 양지의 결합에 놓여 있다.

    J와 P, 두 작품 모두를 통해서 그들 당대에 이르기까지 독립된 전승들로 존재하였던 시원기의 사건들이, 따라서 창조가 이스라엘 백성의 역사와 연결되었다는 것이야말로 참으로 이 작품

들의 생명력에 속한다. 이에 따라 이스라엘의 하느님의 활동이 제 민족들의 역사 안에서의 활동에까지 뻗치게 되고, 전 우주에 걸친 창조와 보존과 축복으로 넘어가기에 이르는 것이다. 창조와 시원 사건들에 관한 설화들이 항구한 의미를 띠는 것은 이와 같은 작업들을 통하여 하느님 백성의 역사가 이처럼 확장되었기 때문인 것이다. 시편 작가가 이스라엘이 자체의 역사 속에서 해방시키고 구해 주시는 하느님으로서 체험했던 그 하느님을 찬양하여 노래할 때, 이때의 찬양은 민족들의 역사의 주님에게, 그리고 창조된 모든 것들의 창조자에게까지 미치게 되는데, 이것 역시 위에서와 똑같은 과정으로 해서 그러하다. 즉, 하느님에 대하여 이야기하는 자는 전체에 대하여 이야기하는 것이고, 하느님이 행하실 때 그분의 활동은 모든 것을 포괄하지 않을 수가 없는 것이다.

〈나〉

세계 창조와 인간 창조
창세기 1, 1—2, 4a

1

1 비롯음에 하느님께서 하늘과 땅을 창조하셨다.
2 땅은 아직 꼴을 갖추지 못하고 비었다.[1]
　그리고 온 심연 위를 어둠이 덮고 있었다.
　그리고[2] 하느님의 기운이 물 위에 빙빙 돌고 있었다.[3]
3 그리고[4] 하느님께서 말씀하기를 "빛이 생기어라" 하시니, 빛이 생기었다.
4 그리고[5] 그 빛이 좋음을 하느님께서 보셨다.[6]
　그리고 하느님께서 빛과 어둠을 갈라놓으셨다.[7]

---

1. 고 선종완 신부의 〈창세기〉에는 "비었으며"로 옮겨져서, 뒤따라 나오는 "그리고"가 이미 여기에 내포되어 있다. (이하 각주들은 역주이다.)
2. "그리고"는 베스터만의 번역에 따른 것이다. 고 선종완 신부의 〈창세기〉에는 "그런데"로 옮겨져 있다.
3. 〈창세기〉에는 "돌으시더니".
4. 〈창세기〉에는 위의 2절과 3절이 연계되어 옮겨짐으로써 "그리고"가 다시 표현되지 않고 있다.
5. 〈창세기〉에는 생략되어 있다.
6. 〈창세기〉에는 "보시고"로 옮겨져서 곧바로 뒤따라 나오는 "그리고"가 따로 옮겨지지 않았다.
7. 〈창세기〉에는 "갈라놓으신 다음".

5 하느님께서 빛을 낮이라 일컬으시고, 어둠을 밤이라 일컬으셨다.
그리고[8] 저녁이 되고 또 아침이 되니, 곧 첫날이었다.
6 그리고[9]하느님께서 말씀하기를
"물 한가운데 굳은 궁창(穹蒼)이 생겨라.[10]
그리고 그것이 물과 물 사이를 갈라놓아라" 하시니, 그대로 되었다[11].
7 그리고[12] 하느님께서 굳은 궁창을 만들어 궁창 밑엣물과 궁창 위엣물 사이를 갈라놓으셨다.[13]
8 그리고 하느님께서 궁창을 하늘이라 일컬으셨다.
그리고[14] 저녁이 되고 또 아침이 되니, 곧 둘째날이었다.
9 그리고[15] 하느님께서 말씀하기를
"궁창 밑엣물은 한 곳에 모여들고, 마른 곳이 드러나게 되라" 하셨다.[16]
그리고 그대로 되었다.[17]
10 하느님께서 마른 곳을 땅이라 일컬으시며,
물이 모인 곳을 바다라 일컬으셨다.

---

8. 〈창세기〉에는 생략되어 있다.   9. 〈창세기〉에는 "그 다음에".
10. 〈창세기〉에는 "생기어"로 옮겨져 뒤이은 "그리고 그것이"가 생략되어 있다.
11. 영역자 John J. Scullion은 저자 Westermann의 창세기 번역에 바탕하여 옮겼는데, 이 RSV 텍스트에는 "그대로 되었다"가 7절 끝에 나타난다.
12. 〈창세기〉에는 앞의 창조 행위와 연계되어 "이렇게"로 해석되고 있다.
13. 〈창세기〉에는 "갈라놓으시고"로 옮겨져 다음의 "그리고"가 생략되어 있다.
14. 〈창세기〉에는 생략되어 있다.
15. 〈창세기〉에는 이 절의 주어 다음에 "또"로 옮겨져 있다.
16. 〈창세기〉에는 "하시니"로 옮겨져서 뒤따라 나오는 "그리고"가 이미 여기에 내포되어 있다.

11 그리고[18] 하느님께서 말씀하기를
"땅은 햇풀과 낟알을 내는 풀과
제 종류대로
씨를 속에 지닌 열매 맺는 과실 나무를
온 땅 위에 돋아나게 하라" 하셨다.[19]
그리고 그대로 되었다.[20]
12 땅이 햇풀과 제 종류대로 낟알을 내는 풀과
제 종류대로
씨를 속에 지닌 열매 맺는 나무를 돋아나게 하였다.[21]
그리고 하느님께서 보시니 좋았다.
13 그리고[22] 저녁이 되고 아침이 되니, 곧 사흗날이었다.
14 그리고[23] 하느님께서 말씀하기를
"하늘의 궁창에 빛을 내는 것들이 생기어
낮과 밤 사이를 갈리게 하고,
그리고[24] 모임의 절기뿐 아니라 날수와 햇수도 가리키
는 표가 되며,
15 그리고[25] "하늘의 궁창에 있어서 온 땅을 비추기 위한 광채
의 구실을 하리라" 하셨다.[26]
그리고 그대로 되었다.

---

17. 〈창세기〉에는 "되니".   18. 〈창세기〉에는 "이에".
19. 〈창세기〉에는 "하시니". 이와 관련한 설명은 9절 역주 참조.
20. 〈창세기〉에는 "되며".
21. 〈창세기〉에는 "하니"로 옮겨져서 곧바로 뒤따라 나오는 "그리고"가 이미 여기에 내포되어 있나.
22. 〈창세기〉에는 생략되어 있다.   23. 이에 관해서는 9절 역주 참조.
24. 〈창세기〉에는 "또".   25. 〈창세기〉에는 "또".
26. 〈창세기〉에는 "하시니". 이것은 14절 도입구인 "… 말씀하기를"과 연관된

16 그리고[27] 큰 광채는 낮을 다스리고 작은 광채는 밤을 다스리게 하시려고 하느님께서 빛나는 큰 두 광채를 만드셨고, 또 별들도 만드셨다.

17 그리고[28] 이것들을 하느님께서 하늘의 궁창에 두시어, 이것들로 하여금 온 땅을 비추고

18   낮과 밤을 다스리며
    빛과 어둠을 갈라놓게 하셨다.

19 그리고[29] 하느님께서 보시니 좋았다.
그리고[30] 저녁이 되고 또 아침이 되니, 곧 나흘날이었다.

20 그리고[31] 하느님께서 말씀하기를
    "물에서는 생물들[32]이
    땅 위에서는 새들이 하늘의 궁창을 향하여 훨훨 날아라" (하시니, 그대로 되었다).[33]

21 이렇게 하느님께서 큰 바다 짐승과 물에서 우글우글하는 모든 생물들을 제 종류대로,
    또 날개 있는 모든 날짐승을 제 종류대로 창조하셨다.[34]
그리고 하느님께서 보시니 좋았다.

우리말 표현법에 따라 덧붙여진 어구로서, 앞의 도입구를 "… 말씀하셨다"로 옮길 경우 생략할 수 있는 표현이다. 이럴 경우 뒤따라 나오는 "그리고"는 자연스럽게 그대로 옮겨질 수 있을 것이다.

27. 〈창세기〉에는 "이렇게". 이와 관련한 설명은 7절 역주 참조.
28. 〈창세기〉에는 생략되어 있다.   29. 〈창세기〉에는 "이에".
30. 〈창세기〉에는 생략되어 있다.   31. 이와 관련한 설명은 9절 역주 참조.
32. living creatures, 곧 생명 있는 창조물들.
33. RSV에는 이 구절이 나타나지 않는다.
34. 〈창세기〉에는 "하시고"로 옮겨져 뒤이은 "그리고"가 생략되었다.

22 그리고[35] 하느님께서 이들에게 축복[36]하여 말씀하기를
"새끼 치고 번성하여 바닷물을 채우고,
새들도 땅에 번성하여라" 하셨다.
23 그리고 저녁이 되고 또 아침이 되니, 곧 닷새날이었다.
24 그리고[37] 하느님께서 또 말씀하기를
"땅은 생물들을 제 종류대로, 곧
가축과 길짐승과 들짐승들을 제 종류대로 생기게 하라" 하셨다.[38]
25 그리고[39] 하느님께서 들짐승을 그 종류대로, 가축도 그 종류대로,
또 땅에서 기어다니는 모든 짐승도 그 종류대로 만들어 놓으셨다.[40]
그리고 하느님께서 보시니 좋았다.
26 그리고 나서 하느님께서 말씀하셨다.[41]
"사람을 우리 모습대로 우리의 닮은 꼴로[42] 만들자.[43]
그리고 바다의 고기와 하늘의 새와 가축과 모든 들짐승과,
땅 위에서 기는 모든 길짐승들을 다스리게 하리라."[44]

---

35. 〈창세기〉에는 "이에".   36. 〈창세기〉에는 "강복".
37. 이와 관련한 설명은 앞의 9절 역주 참조.
38. 〈창세기〉에는 "하시니". 이와 관련한 설명은 15절 역주 참조.
39. 〈창세기〉에는 "이렇게." 이와 관련한 설명은 7절 역주 참조.
40. 〈창세기〉에는 "… 놓으시고." 이와 관련한 설명은 21절 역주 참조.
41. 〈창세기〉에는 "가라사대".
42. 〈창세기〉에는 "우리와 비슷이." "우리 모습대로"와 순서가 바뀌어 있다.
43. 〈창세기〉에는 "만들어"로 옮겨져 뒤이은 "그리고"가 이미 내포되어 있다.
44. 이에 관해서는 15절에 관한 역주 참조.

세계 창조와 인간 창조   53

27 하느님께서 당신 모습 따라 사람을 창조하셨다. 하느님의 모
 습 따라 그(사람)를 창조하셨다.
  (그분은)[45] 그들을 남자와 여자[46]로 창조하셨다.
28 그리고[47] 저들을 하느님께서 축복[48]하시며
  "자식 낳아 번성하고 온 땅을 채워 그(땅)를 복종시
  켜라.[49]
  그리고 바다의 고기와 하늘의 새와
  땅 위에서 움직이는 모든 생물을 다스리라"고
 하느님께서 저들에게 말씀하시고,[50]
29 그리고[51] 하느님께서 말씀하기를
  "보라,[52] 내가 온 땅 위의
  낟알 맺는 온갖 풀과
  속에 씨를 가진 열매 맺는 온갖 나무를 너희에게 주
  노니,
  너희에게 양식이 될 것이며,
30 그리고[53] 모든 들짐승과 하늘의 새와,
  생명의 숨[54]을 가지고 땅 위에서 기는 모든 것들에게

---

45. 〈창세기〉에는 이 주어가 생략되어 있다. 이하 〈창세기〉에 없는 표현을 RSV 텍스트에 따라 삽입할 경우 ( )를 사용하여 삽입된 표현임을 나타내기로 한다.
46. 〈창세기〉에는 "사내와 계집". 47. 〈창세기〉에는 "이어".
48. 〈창세기〉에는 "강복".
49. 〈창세기〉에는 "복종시키며"로 옮겨져서 뒤따라나오는 "그리고"가 이미 여기에 내포되어 있다.
50. 〈창세기〉에는 "이르시고".
51. 〈창세기〉에는 "잇달아". 52. 〈창세기〉에는 "여봐라".
53. 〈창세기〉에는 "또". 54. 〈창세기〉에는 "혼".

> (내가 너희에게 모든) 푸른 풀을 먹이로 주노라" 하셨다.[55]
>
> 그리고 그렇게 되었다.[56]
>
> 31 그리고[57] 하느님께서 그 만드신 모든 것을 보(셨다. 그리고 보)시니 매우 좋았다.
>
> 그리고[58] 저녁이 되고 아침이 되니, 곧 엿새날이었다.

2

> 1 이렇게 하늘과 땅과 거기에 딸리는 모든 것이 다 이루어졌다.[59]
>
> 2 그리고[60] 하느님께서 당신이 하시던 일을 이렛날에 들자 완성하시고,
>
> 이렛날에는 당신이 하시던 모든 일을 마치고 쉬셨다.
>
> 3 (이렇게) 하느님께서 이 이렛날을 축복[61]하여 이를 거룩한 것으로 삼으시니,
>
> 이는 이 날에 하느님께서 창조하여 만드시던 당신의 모든 일을 마치고 쉬신 까닭이다.
>
> 4 이것이 하늘과 땅이 창조되었을 때의 그것들의 족보들이다.[62]

---

55. 〈창세기〉에는 "하시니." 이와 관련한 설명은 15절 역주 참조.
56. 〈창세기〉에는 "… 하시니, 이렇게 되었다."
57. 〈창세기〉에는 "이에". 58. 〈창세기〉에는 생략되어 있다.
59. 〈창세기〉에는 "이루어지니". 60. 〈창세기〉에는 생략되어 있다.
61. 〈창세기〉에는 "강복".
62. 〈창세기〉에는 "하늘과 땅이 창조될 때에 그 유래가 이러하였다".

성경의 첫 장은 세계 문학에 있어서 위대한 작품 중의 하나이다. 성경의 이 첫 장과 관련하여 쏟아져 나온 그 모든 의문들, 여기에 나타나는 내용이 "옳은" 것인가에 대한 회의, 전혀 시대에 뒤떨어진 그 모든 정적인 설명 일체도 여기에 전해지는 것의 타당성에 결코 영향을 미치지 못한다. 누군가가 이 장이 큰 소리로 적절한 맥락 속에서 읽혀지는 것을 들을 때, 여기에는 이전에도 이후로도 정말이지 결코 이야기되지 않은 어떤 것이 표현되어 있다는 것을 깨닫게 될 것이다.

성경의 이 서곡이 갖는 유일무이한 독특성은 철저하게 설명될 수가 있다. 각 연의 시적인 문장은 압도적인 간명성을 띤 채 세계를 우리 앞에 총체적으로 떠올려 준다. 이것은 하나의 전체로서의 세계, 그 세계 전체에 대하여 이야기된 내용과 그 세부 사항에 대하여 이야기된 내용을 고전적인 방식으로 하나로 결합시키는 데 성공하였다. 전체에 대해서는, "비롯음(맨 처음)에 하느님이 하늘과 땅을 창조하셨다"고 하였고, 세부 사항에 대해서는 바다와 땅, 나무와 꽃, 사람과 동물, 해와 달과 별에 대하여 이야기하였다. 그러나 이것으로는 성경의 서장에 이야기되고 있는 것의 유일무이한 효과를 설명하는 데 적절하지가 못할 것이다. 그것의 엄청난 효과는 다음과 같은 사실, 즉 시간과 공간 속의 전체 세계가 한꺼번에 최고의 질서를 띤 예술 작품 안에서 완벽한 표현을 얻기에 이른다는 데에 놓여 있다. 말하자면, 시간적으로는 창조의 6일이 연속되면서 일곱째 날에 그 날들의 목표에 이르고 있고, 공간적으로는 전체를 아우르고 있는 한 문장으로 시작하는 이 장의 독특한 구성 속에서 날들이 연속적으로 그 과정을 이어나가는 가운데 하늘과 땅에 있는 모든 것이 펼쳐지고 있는 것이다. 세계 문학상에서 한 자리를 차지하는, 시간과 공간 양 차원에 있어서 세계 전체에 대하여 이토록 완전한 성찰을 보여주는 위업을 성취한 것은 결코 우연한 일이 아니다. 인류의 역사 전체에서 하나의 전체로서의 세계에 대한 성찰이 시도되는 맥락 속에서 성경의 이 첫 장을 바라볼 때, 우리는 즉시 이러한 사실을 이해할 수 있게 된다. 하나의 전체로서의 세계에 대한, 그 세계 전체에 대한 성찰은 초기 인간의 전 역사 속에서 시도된 창조에 관한 성찰 속에서만 나타난다. 달리 표현하자면, 하나의 전체로서의 세계, 이 세계 전체는 세계가 존재하게 되는 그 맥락에서만 이해될 수 있을 따름인 것이다. 초기의 인간은 그 세계가 보이는 전혀 이해할 수 없는 복잡함과 다변성에 휘둘린 채 자기 시대의 세계에 맞닥뜨려 있었다. 세계는 오직 존재하게 됨으로써만 하나의 전체가 되었고, 그때 그것은 창조에 관한 성찰 속에서 하나의 총체로서 파악되었다.

인간 진보의 두번째 시기에 이르러서, 철학은 사람들이 전체로서의 세계에 관하여 성찰하는 방법이 되었다. 서구 철학사에서의 경우 그 전환점이 분명하게 설정될 수 있다. 인격체적인 창조자에게서 인과관계의 원리로의 전환은 소크라테스의 추종자들이 생기기 이전에 완결되고, 이들 가운데서 벌써 창조에 관한 성찰의 기본적인 요소들이 분명하게 인식될 수 있었다. 그리스도교 신학은 이러한 철학적 원리를 창조에 관한 성서의 인격체적인 성찰과 결합시켰다. 이렇게 해서 하느님이 첫째 원인이, 제1원인이 되었다. 철학적인 시대에 있어서 사람들은 저 전체를 단지 추상적인 방식으로만 이야기할 수 있을 따름이었다. 이제 전체가 존재의 맥락 속에서 이해되었던 것이다.

세번째 시기는 자연과학의 대두로 시작되었다. 전체를 개념적으로 이해하는 철학적 추상은 이제 실험과 실천, 측정, 계산, 분석 방식을 통한 구체적인 접근 방법에 의해 밀려나게 된다. 전체에 접근할 수 있도록 하는 것은 이제 수학적·과학적 접근 방법이 되기에 이른 것이다.
 오늘날 과학이 압도적으로 이 사회를 파고들고 있고 고도의 전문화에 이르게 되었는데, 바로 이 전체에 대한 경험적 접근 방법이 이와 같은 압도적인 우세와 전문화에 이르게 된 것은 필연적이고도 불가피한 현상이다. 전체로서의 실재를 현대인에게 접근 가능하게 하는 것은 과학적인 방법이다. 그러나 신실한 과학자는 누구도 자기가 전체에 관한 혹은 그것에의 접근 방법에 관한 어떤 것을 알고 있다고 말하지 않을 것이다. 따라서 자연히 창조에 관한 성찰이 새로운 의미를 갖게 되는데, 이것은 창조 설화들이 설화로서 생명력을 갖게 된 이래 가져본 적이 없었던 그런 새로운 의미이다.
 더 넓은 맥락에서 볼 때 창세기 1장은 맨 처음 단계가 아니라 중간 단계에 위치한다. 이 장이 형성되기 이전에 두 시기가 앞서 지났는데, 이 두 시기 사이에는 "비롯음에 하느님이 하늘과 땅을 창조하셨다"는 문장이 나타난 것과 첫 우주인들이 탄생한 것간의 간격보다도 훨씬 더 긴 기간이 자리잡고 있다. 창세기 1장이 형성되기 바로 이전의 시기는 각 시대 나름의 독특한 여러 우주 창조설(cosmogony)이 형태를 갖춘, 위대한 종교 문명들의 시기였다. 문명사에 있어서의 경우 창세기 1장은 이 시기에 속한다. 그러므로 이 장이 〈에누마 엘리쉬〉 서사시에 나타난 바빌로니아의 우주 창조설과 이집트에서 형성된 신의 말에 의한 세계 창조와 관련하여 현저한 유사성을 보인다고 하더라도 전혀 놀랄 것이 없다. 그렇지만 이 뒤에는 언제부터 언제까지인지 명확하지는 않지만 그래도 틀림없이 과거에 가 닿아 있는 원시적인 창조 설화들이 형성되어 있었던 시기가 자리잡고 있다. 여러 신을 숭배하던 고도 문화들 가운데 나타나는 창조 신화들은 다양한 방식을 통하여 창조에 관한 원시적인 진술들로 채색되어 있다. 일련의 예들에 의하여 이를테면, 진흙이나 흙에서 인간을 창조하는 것과 같은 신화들이 이러한 원시적인 진술들 속에 그 기원을 두고 있다는 사실을 입증할 수 있는 것이다. 말리노프스키(Malinowsky)나 레비 스트로스(Lévi-Strauss), 혹은 그외 다른 이들이 전개하는 최근의 문화인류학은 원시적인 사고 방식과 어법(語法)에 대한 전혀 새로운 통찰을 열어주었다. 또한 이 분야의 연구는 그동안 깊이 뿌리박혔던 선입견을 제거해 주었고, 사고하고 표현하는 원시적인 방식들에 대해서 이 방식들이 인류 역사를 위하여 지니는 의미를 되살려 주고 있다. 창조에 관한 성서의 성찰은 이러한 맥락 속에서 전혀 새로운 양상을 띠게 된다. 이로부터 초기의 인류가 사고하고 표현하는 방식에 있어서의 본질적인 요소들이 교회가 오늘 이 시대에 신학을 개진하고 설교를 전개하는 데 있어서 그대로 보존, 유지되는 것이다. 이와 같은 간략한 개관을 통해서나마 이제는 성경의 맨 첫 장이, 그 자체가 위치해 있는 그 중간 시점에 이르기까지 인류의 전체 역사를 포괄하는 발달 배경으로부터 그것 나름의 독특한 추진력을 얻게 된다는 사실이 밝혀졌지 않았을까 싶다. 창세기 1장의 형성 시기가 이렇게 중간 지점에 자리잡게 된 것은 아주 분명한 의미를 띤다. 창세기 1장이 형성된 이후 전체에 대하여 그리고 이 세계의 기원에 대하여 철학적·신학적으로 성찰하는 시기와 과학적으로 성찰하는 시기가 이어지고, 그 앞에는 원시 문화들 속에서 형성된 창조 설화들과 다신을 숭배하는 거대한 문화들 속에서 형성된 신화들이 자리잡고 있다. 창세기 1장에 보인 창조에 관한 진술은 이 네 시기들 가운데서 가장 이른 단계의 흔적들을 보여준다. 이와 동시에 이것은 세계가 어떻게 존재하기에 이르렀는지에 대한 과학적인 이해를 드러내는 첫 지표들을 제시해 주고 있다. 즉, 창세기 1장의 진술은 한편으로는 계속되는 시기의 흐름 속에서 세계가 드러나도록 하고 있고, 다른 한 편으로는 비유기체적인 것과 유기체적인 생명이 각각 독특한 방식으로 드러나도록 하고 있는 것이다.

신약성서에 나타난 창조의 의미는 이러한 관점에서 새로운 차원을 얻게 된다. 신약성서는 창조의 맥락 속에서 그리스도에 관하여 이야기한다. 그리스도와 창조 사이의 연계는 "맨 처음에 (비롯음에) … 말씀이 계셨다. 말씀이 … 하느님과 함께 계셨다. 만물은 그분으로 말미암아 생겨났으며 …"하는 요한 복음의 서문에 시사되어 있다. 이 내용으로부터 어떤 이들은 그리스도의 선재(先在) 혹은 "로고스"의 선재를 이끌어내어 왔다. 하지만 이것은 명확히 신화적인 설명이기 때문에, 오늘 이 시대에는 많은 사람들이 이것을 자신들의 출발 기점으로 삼을 수가 없는 상황이어서, 결과적으로 이 말마디들은 그 심원한 의미를 잃고 말았다. 그러나 이 말들이 위에서 지적한 바 있는 좀더 넓은 맥락에서 고찰될 때, 이것들은 구약성서와 신약성서간의 관계에 관하여 언급될 수 있는 대단히 중요한 점을 내포하게 된다. 이 말들은 그 어떤 신화적인 그리스도의 선재에 대해서 이야기하는 것이 아니라, 더 넓은 의미에서, 창조에 관한 구약성서의 성찰 역시 그리스도가 위치해 있는 그 중간 지점에 속한다는 사실을 가리켜 주고 있는 것이다. 그리고 만일 이 "중간 시기"가 단순히 신학적인 의미를 넘어가는 어떤 한 의미를, 이를테면 역사의 과정, 그 흐름으로부터, 인간 사고(思考)의 역사로부터 그리고 종교의 역사로부터 설명될 수 있는 그러한 어떤 한 의미를 갖고 있다고 한다면, 그렇다면 신약성서의 메시지는 그 원천이요 맥락이 되고 있는 구약성서의 배경 앞에서 비로소 그 역사적 위치를 얻게 되는 것이다.

⟨1⟩

창세기 1,1—2,4a의 구조와 특성

이 본문의 구조와 특성을 이해하려면 적어도 그 전사(前史)를 개괄해 볼 필요가 있다. 메소포타미아와 이집트의 신화들뿐만 아니라 남태평양과 아프리카, 중앙아메리카 등지의 설화들을 대상으로 초기의 창조 이야기들을 전반적으로 살펴보는 사람은 누구나 그 이야기들의 무진장한 풍요성과 다양성에 맞닥뜨려 가히 놀라지 않을 수 없을 것이다. 다시 좀더 치밀하게 이처럼 풍부한 창조 설화들을 연구하면 할수록 또 다른 인상적인 현상이 분명하게 떠오른다. 즉, 그 많은 설화들에서 동일한 모티브가 지속적으로 되풀이된다는 것이 그것인데, 이 연구를 통하여 우리는 수천년이 넘도록 전 지구상에 생존했던 인간들이 창조 이야기들을 무한히 다양하게 산출해 냈다고 하는 것은 사실이 아니라는 결론에 이르게 될 것이다. 이야기를 구성하는 줄거리는 비교적 몇 가지에 지나지 않는다. 세계와 인간의 기원에 대하여 과학적 설명이 시도되던 시대 이전에는 창조를 진술하는 데는 다음과 같이 분명하게 한정된 네 가지 방식만이 있었을 따름이다.

    만들기나 행위를 통한 창조
    (생식과) 출생을 통한 창조
    투쟁을 통한 창조
    말을 통한 창조

행위를 통한 창조는 완전히 원시적인 그룹에 속하고, 세계 전 지역의 원시적 창조 설화들에서 찾아볼 수 있다. 이런 표현들 중에서 많은 것들은 여러 고도 문화 단계에서도 계속 보존되어 있을 정도로 상당히 확고하게 정립되어 있었다. 특히 진흙이나 흙을 가지고 사람을 창조한 예가 그렇다. 생식과 출생을 통한 창조와 투쟁을 통한 창조는 다신론적-신화 그룹에 속한다. 이 둘은 신들의 복수성과 그들간의 대결을 전제로 한다. 그리고 이러한 창조 진술에 사용되는 두 가지 모티브로서 이같은 신화에 전형적으로 나타나는 것들이 있는데, 사랑(성적 결합)과 투쟁, 이것이 바로 그 두 모티브들이다.

투쟁을 통한 창조는 바빌로니아의 서사시인 〈에누마 엘리쉬〉에서 고전적인 양식으로 나타난다. 마르둑과 티아맛 사이의 투쟁으로 말미암아 갈가리 찢긴 티아맛의 몸에서 세계의 창조가 발생한다. 이런 표상은 지극히 널리 퍼져 있어서, 구약성서에 보이는 시들의 은유적 표현에도 나타날 정도이다.

　　라합을 찢던 이가,
　　용을 꿰찌르신 이가 당신이 아니십니까?(이사 51, 9-10)*

창세기 1장에서 이에 대한 아주 흐릿한 반향을 찾아볼 수가 있는데 1, 2에 다음과 같이 기록되어 있는 것이다. "온 심연 위를 어둠이 덮고 있었다." 여기서 심연을 가리키는 말인 히브리어 *tehom*이 아주 희미하게 *Tiamat*을 떠올려 주는 것이다. 그러나 바빌론의 서사시인 〈에누마 엘리쉬〉와는 달리 창세기 1장의 성

---

* 〈공동 번역 성서〉 참조. 고 선종완 신부의 〈이사야 예언서〉(한국 천주교 중앙협의회, 1959) 51, 9 번역이 이 구절의 문장 구조를 〈공동 번역 성서〉보다 더 정확히 유지하고 있다. 이 역문은 RSV를 토대로 하고 이 두 번역을 참고하여 사역을 시도한 것이다.

서 기록에는 전혀 투쟁의 흔적이 나타나지 않는다.

생식(발생)과 출생(생성)을 통한 창조는 수메르의 신화들과 이집트의 우주 창조 이야기들이 띠는 특징이다. 하지만 이것은 다른 많은 지역에서 역시 발견되기도 한다. 이 이야기들의 전형은 바다, 바람, 땅 등 우주 세계를 구성하는 요소들이 계속적인 생성(출생)을 통하여 발생한다는 것이다. 창조가 처음으로 계보들에 상응하는 생성(출생)의 대물림으로 나타나는 일련의 뚜렷한 행위들로 드러나는 것이 바로 여기서이다. 창조를 진술하는 이러한 방식은 다시 창세기 1장을 분명하게 상기시켜 준다. 즉, 무엇보다도 먼저, 제관계 작가는 창조의 전 과정을 다음과 같은 말로 끝맺는다. "이것이 … 하늘과 땅의 족보들, *toledot*(생성 그리고 유래, 기원들)이다." 이어서 이 장에는 특이하게 일률적인 양식이 보이는데, 계보, 족보들의 양식을 상기시켜 주는 구절들이 동일하게 지속적으로 반복되고 있는 것이다. 다시, 멤피스의 우주 생성 이야기에 있어서 연속적인 출생을 통한 창조는 신의 말에 의한 창조와 의식적으로 구분지어진다. 이렇게 볼 때 창세기 기록은 이스라엘 밖에 형성되어 있었던 창조 이야기들의 전사(前史)와 밀접하게 연관되어 있다는 사실이 분명해진다. 또한 바로 이러한 맥락에서 이 비상한 창조 기록의 유일무이한 독특성은 오직 그와 같은 배경에 입각해서만 제대로 이해될 수 있다고 하는 사실 역시 분명하게 드러난다.

이러한 독특성은 무엇보다도 먼저 설화의 구조상에서 나타나는데, 여기서는 창조가 계속해서 6일을 지내고 난 뒤에 제7일째의 휴식에 이르러 절정에 이르는 하나의 사건으로 진술되어 있다. 고대 세계 이래 우리에게 알려진 창조 설화들 가운데서 그 어떤 것도 이것과 닮은 형태의 설화는 전혀 없다. 제관계 이야기의 작가는 이 창조 이야기를 통하여 창조로부터 제의의 설정에로 이끌어 가는 작업을 시도한다. 그러면서 그는 창조 사건 에다가 7일째의 하느님의 안식으로써 끝맺는 창조 행업을 그 전 작품의 인상적인 서곡으로 삼는 한 방향성을 부여해 주었다. 그는 창조의 연속적인 단계들로 구성한 자신의 이야기의 틀을 통하여 우리가 살고 있는 세계가 연속적인 시대들 속으로 발생해 들어오게 된다는 것을 시사하였고, 이 과정의 창조 행업들을 초월하는 한 목표를 향해 나아가는 것으로서 밝혀주었던 것이다.

창조의 작업 수(여덟)와 창조의 날 수(여섯)가 서로 일치하지 않는다는 사실로부터 우리는 작업의 리스트에서 더 오래된 창조 전승을 알아볼 수 있는데, 이 설화의 작가는 자신의 손에 들어온 그 전승을 가지고 이것을 재구성하였던 것이다. P의 바탕이 되어준, 더 오래된 창조 기록("행위"를 통한 창조 이야기)은 하느님에 의한 다음과 같은 일련의 개입과 결합되어 있다. 하느님이 가르시다 — 4,7,(9)절; 하느님이 일컬으셨다(이름하셨다) — 5,8,10절; 만드셨다 — 7,16,25절; 두셨다 — 17절; 창조하셨다 — 21,27절; 축복(강복)하셨다 — 22,28절. P는 그 옛 틀을 이것과는 전혀 다른 자기 자신의 진술 속에 내포시킨 것으로서, 여기서의 경우 창조는 창조 말(씀)을 통하여 그 충만에 이르게 된다. 그러나 "말을 통한 창조"라고 말하는 것은 P가 지극히 개별적인 방식으로 시도하고 있는 바를 적확하게 서술해 주지 못한다. 제관계 저자는 창조 작업들 하나하나를 다음과 같이 창조 명령의 성분들로 나누어놓고 있다.

    명령의 도입: 하느님께서 말씀하셨다
     명령: 생겨라(있어라)
     완성: 그대로 되었다
     판단: 하느님께서 보시니 좋았다
    시간의 경과: 저녁이 되고 … (첫) 날이었다.

1장 전체에 걸쳐 계속 나타나는 문장들의 동일한 순서는 이 장에다가 저 독특하고도 효과적인 일률성을 부여해 주는데, 이로 말미암아 이 장은 특별한 형태로 창조가 다른 일체의 사건을 뛰어넘는 전적인 초월성을 띤다는 사실을 분명하게 드러낼 수 있게 된다. 이 문학 양식은 창조 이야기를 단순한 정보 자료로 잘못 이해할 수 있는 일체의 오류를 막아주고 있는 것이다.

이를테면, 창조 사건을 인지 불가능한 것의 영역에로 밀어넣는 이와 똑같은 의도는 창조가 전해지는 장의 명령 구조와 이 대목 이외의 다른 제관계 저술에 나타나는 그 구조와의 비교에서 분명하게 떠오른다. 제관계 작품 전체는 모든 사건들의 경우 하느님의 명령 말씀에 그 기원을 두고 있다는 확신으로 가득차 있다. 출애굽기의 서두에 보이는 이집트로부터의 해방은 모세에게 내려진, 파라오와 맞서라는 하느님의 명령으로 시작된다. 시나이산에서 계시가 있은 후에 만남의 장막이 세워지는 것도 모세를 통하여 지시된, 백성들이 이것을 세우도록 하라는 하느님의 명령으로 계시된다. 하지만 일련의 창조 명령들은 수신자가 아무도 없다는 점에서 이것들과는 다르다. 수신자가 없는 명령은 아무런 의미도 갖지 않는다. 성서의 맨 첫장 전반에 걸쳐 나타나는 창조 명령은 결국 위의 이해를 넘어서 있는 것이다.

일련의 창조 작업들은 단순한 요약으로 이해되어서는 안된다. 이와 같은 사실은 우리가 그 작업 전체를 출발점으로 삼을 때 비로소 분명해지는 것으로, 이 창조 작업들을 좀더 자세히 살펴보면 다음과 같다. 즉, 그 전체는 생활 공간(1, 1-10)으로 이해된 이 세계의 창조와 무기적(1, 11-19) 혹은 유기적 생명체(1, 20-25) 그리고 인간(1, 26-31)의 창조로 나뉘어진다. 생활 공간으로서의 이 세계의 창조는 세 가지의 갈라놓는 행위로 진술되는데, 이 행위들은 그 모든 구성 요소들을 구비한 상태에서 인간 주변에 존재하는 그러한 세계의 창조와는 무관하다. 그보다는 오히려 인간이 시간(1, 3-5)과 공간(1, 6-10)이라고 하는 이 세계의 기본적인 범주들을 띠고 그 속에서 살아가게끔 창조된 그러한 세계와 관련되어 있는 것이다.

이것은 저자가 선택해서 사용한 방법을 드러내주는 한 훌륭한 예이다. 갈라놓음에 의한 창조라는 모티브가 이 저자에게 전해져 있는 상황이었다. 실제로 이 모티브는 세계 전역에 걸쳐 나타나는 창조 설화들 속에서 찾아볼 수 있다. 한데 이런 설화들에서의 가름은 언제나 어떤 한 특수한 가름으로서, 종종 하늘과 땅의 가름으로 나타난다. P는 자신이 전해받은 것을 지극히 독창적인 방식으로 재구성하였다. 그는 빛의 창조를 묘사하면서 공간의 가름에 앞선 시간의 가름을 제시한다. 이렇게 함으로써 여러 날들에 걸쳐 창조 작업들이 계속 진행되는 것이 가능하게 되었던 것이다. 이어서 그는 이 세계의 창조를 진술하면서 빛과 어둠을 갈라놓음으로써 생겨난 시간 범주가 공간 범주 — 수직 방향으로는 하늘과 땅을, 그리고 수평적으로는 바다와 육지를 갈라놓음으로써 생겨난 — 를 앞서게 하였다. 이렇게 하여 그는 결국 창조의 맥락에서 구약성서에 나타난 세계와 인간에 대한 이해에 있어 지극히 근본적인 어떤 것을 확고하게 정립해 주었던 것이다. 즉, 그에 따르면 시간 속의 실존이 물질적인 사물들의 실존에 우선한다는 말이다. 하지만 여기에는 의문의 여지 없이 다른 무엇보다도 훨씬 더 중요한 것이 한 가지 있다. 하느님의 첫째 작업의 구성에 있어서 (그 해놓으신 것이) 좋았다고 하는 하느님의 판단은 "빛이 생겼다"는 문장에 곧바로 뒤따라 나온다. 빛과 어둠을 갈라놓은 것에 대해 하느님이 좋았다고 판단하시지를 않은 것이다. 하느님이 좋았다고 말씀하시는 대상으로서 그 첫번째 것이 빛인 것이다. 그분은 어둠이 좋았다고 말씀하시지 않는다. 맨 처음부터, 바로 그 시간을 제정하는 데에는 시간의 리듬과 일치하지 않는 부동(不同)의 한 계기(契機)가 구축되었다. 빛은 좋다고 발설되었다. 그러나 좋다고 발설되지 않은 어둠은 창조 질서에 필요한 한 요소가 된다. 빛은 구원을 의미할 수 있고, 어둠은 죽음과 연결지을 수 있다. 만일 생명과 어둠을 갈라놓는 것이 시간의 차원에서 창조에 한결같고도 지속적인 리듬을 가져온다고 하면, 빛의 우선성은 그 리듬에 결코 흡수되지 않는 운동의 한 계기를 이끌어들인다. 창조 기록의 제일 첫머리에 등장하는 말마디들에는 창조의 역사가 단지 낮과 밤, 그리고 존재하게 되는 것과 사라져 가는 것에 의해서 특성지어지는 것이 아니라는 사실, 그보다는 오히려 이 역사는 그 안에 전혀 다른 어떤 역사를 내포하고 있다는 사실을 나타내 주는 분명한 한 표지가 자리잡고 있는 것이다.

그렇다면 빛의 창조는 훨씬 뒤인 14-19절에 가서야 비로소 전해지는 하늘의 물체들의 창조와는 어떤 관계에 놓여 있는가? P는 분명히 자신의 청중들이, 15절에서 기술되듯이, 하늘의 물체들에서 빛이 생겨나는 것으로 알고 있다고 추정했을 것이다. P는 하늘의 물체들의 창조를 다루는 이야기에서 예로부터 물려받은 것을 반복한다. 그의 주요 목적은 주변 세계에서 행해지던 태양이나 별 등에 대한 천체 숭배에서 주도적인 역할을 하는 요소였던 하늘의 물체들의 신성(神性)을 전적으로 거부하는 데 있다. 고래로부터 이스라엘을 에두르고 있던 주변 세계에서는 태양과 달의 신성이 폭넓게 받아들여져 왔다. 그러므로 P는 이로부터 자기 자신을 분명하게 분리시켜 놓지 않으면 안되었던 것이다. 창조자에 대한 그의 이해는 완전히, 존재하는 모든 것은 한 분 창조자와의 관계 속에서 창조된 창조물이라고 하는 사실에 바탕한다. 따라서 P는 자신에게 있어서 창조자와 창조간의 차이는 실존 방식이나 그 사실에 놓여 있는 것이 아니고 오직 작용 또는 기능에 있다는 사실을 아주 확실하게 밝힌다. P는 존재에 있어서의 차이를 지적하고자 의도할 수도 없고 또 그러지도 않는다. 그에게 있어서 하느님은 summum ens(至高者)인 그런 존재로 나타나지 않는다. 그렇다고 그가 태양과 달이 물질이라는 사실을 가지고 논증을 펼칠 수 있었던 처지도 아니었던 것이다. 하느님은 그분이 창조자이기 때문에, 바로 그렇기 때문에 하느님인 것으로서, 이는 하느님이 창조된 모든 것의 주님이라는 것을 의미한다. 태양과 달은 창조의 틀 안에서 어떤 한 제한된 기능을 가진다는 점에서 하느님과 다르다. 그러므로 P는 이 기능 또는 작용을 14-18절에 가서 상세하게 써내려간다. 이 기능 작용들 하나하나가 태양과 달이 창조된 것임을, 이것들의 창조물성(creatureliness)을 규정해 준다. 이것들은 이것들이 가지고 있는 기능, 작용으로 말미암아 각각 창조의 질서에 속하는 것이다.

우리가 아는 한, 하늘의 물체들이 전적으로 창조된 것이라는 사실이 이처럼 혁명적인 표현으로 진술된 적은 일찍이 없었다. 태양과 달과 별들이 신성(divinity)을 상실당한 채 근본적으로 인간이 탐사할 수 있는 그런 세계의 구성 요소로 실추되었다. 결국 여기에 하늘의 물체들의 "이 세계성"(this-worldliness)에 대한 P의 설명과 우리 시대에 있게 된 인간의 달 착륙간의 연계가 있다. 바꾸어 말하자면, 하늘의 물체들로부터 신성이 제거되는 현상은 다신 숭배와 천체 숭배가 쇠퇴하고 이런 것들이 그 세력과 신뢰를 상실하는 곳에서 지극히 자동적으로 초래된다. 성서의 맨 첫 1장은 하느님을 창조자로서 강조하고 높이 기림으로써 하늘의 물체들의 창조물성을 설명하는 데 각별한 기여를 한다. 이것이 바로 이 대목에서 비로소 나타나는 것이다.

식물(11-13절)과 동물들(20-25절)이 각기 제 종류에 따라 창조되었다는 것은 본질적인 사실이다. 하지만 이것은 이전에 형성되어 왔던 배경과는 어긋나는 것으로 여겨질 수밖에 없을 것이다. 신화적인 창조 설화들에서는 물론 신화 이전 단계의 것들에서도 마찬가지로 식물들과 짐승들의 창조는 각각 독립적인 이야기들 속에서 입에 담겨졌다. 예를 들어 수메르의 한 신화에서는 여덟 개의 견과(堅果) 식물들이 남신 엔키와 초목의 여신 우투의 결합으로 생겨났다고 전해진다. 이 이야기의 뒷부분에 가서, 번성하게 되는 또 다른 여덟 개의 초목이 나타난다. 한데 이 이야기의 목적은 이 세계를 구성하는 일부로서의 식물의 기원에 관하여 설명하는 데 있지 않다. 이것은 단지 특정한 초목들이 인간에게 있어서 어떤 의미를 갖는가에 대해 관심을 기울일 따름이다. 식물의 창조는 세계 창조와 전혀 아무 관계도 없는 것이다. 그러나 이와는 달리, 창세기 1장에 전해진 식물과 동물들의 창조는 두 단계의 깊은 이해 과정을 전제로 하고 있는데, 여기서의 경우 식물들은 이제 더 이상 이것들이 인간과 관련하여 의미를 띠는 한에서 고려되는 것이 아니라 동물계에 대비되는 식물계, 초목으로서 받아들여지고 있는 것이고, 이것들 자체가 세계-창조의 전 과정에 맞추어진 세계의 한 구성 요소인 것이다. 하나의 전체로서의 식물들에 대한 관념에서 비롯하는 것으로서, 식물들을 종류별로 구분짓는 시도가 세계-창조의 과정에 속해 있다. 초목들에 대한 관심은 이제 더 이상 단순히 기능적이지가 않다. 우리는 오히려 여기서 종류별로 구분된 상태에 있는 식물에 대한 관심을 인지하게 된다. 초목들의 창조("땅은 … 돋아나게 하라")에 대한 이와 같은 설명은 초목의 종의 기원에 관한 과학적 설명을 향해 한걸음 더 앞으로 나아간 것이다. 단적으로 창세기 1장은 세계의 창조에 관한 성서의 성찰과 식물들과 동물들의 기원과 발전에 대한 과학적 설명간에 결코 그 어떤 갈등도 야기시키지 않을 수도 있었던 것이다.

또한 바로 여기서 과학적이고도 객관적인 관심이 창조자와 창조간의 관계에 집중되어 있음을 볼 수 있다. 하느님의 명령으로 말미암아 생명을 받은 땅 위의 식물체는 분명한 하나의 전체이다. 땅이 존속하는 한 수천만 가지의 초목들 가운데 이 전체 내에서 그 자체의 종에 속하지 않는 상태로 존재하는 초목은 단 하나도 있을 수가 없다. 그리고 그 하나하나의 개체가 모두 다 각각의 류에 속해 있기 때문에, 그것들 하나하나는 저 질서지어진 전체, 하느님의 창조에로 향해져 있는 것이다.

동물들의 창조에는 어떤 새로운 것이 덧붙여지는데, 축복이 바로 그것이다. 그러므로 동물들의 창조는 식물들의 창조와는 다른 어떤 것이고, 또한 이것은 인간의 창조와 관련되어 있다. 여기에는 살아 움직이는 존재에 공통된 것에 대한 이해가, 유기적 생명에 대한 사고가 자리잡고 있는 것이다. 그 창조 행위는 자체적으로, 살아 움직이는 것을 향함으로써, 창조된 각각의 류를 증식시킬 수 있는 능력을 내포하고 있다. 이것이 "축복", 복을 빌어준다는 말의 근본적인 의미이다. 곧, 이 말은 번식할 힘을 가리키는 것이다. 인간이든 짐승이든 살아 움직이는 생명체는 분명히 번식할 능력을 갖고 있다. 이 능력 없이는 참 생명은 결코 존재할 수 없었을 것이다.

동물들 역시 종에 따라 창조되었다. 그리고 창세기 설화는 다시금 동물 왕국 전체를 그 광범한 구분 체계에 따라 진술을 시도한다.

동물들과 초목들의 창조에 관해 전하는 대목을 종합적으로 살펴보면 우리는 다음과 같은 결론에 이르게 된다. 즉, 창조가 시작된 바로 그때로부터 그 세계의 각각의 것과 모든 부분에 있어서 "현재의" 체험 세계를 하나의 분명한 전체로서 인식하고, 포용하고, 진술하고자 하는 심오하고도 숭고한 관심, 바로 이것이 그것들에 대한 당대인들의 이해에 있어 핵심적인 것이라는 사실이다. 그렇지 않다면 그 부분들에 대한 친숙한 관계 속에서, 그리고 바로 그 창조 행위로부터 창조를 하나의 전체로서 파악하기란 전혀 불가능하다. 우리가 창조 이야기를 구성하는 모든 문장에서 식별해 낼 수 있는 주제로서, 이 이야기 전반에 걸쳐 차분하게 밑바탕에 깔려 있는 창조자에 대한 찬양은 세계를 구성하는 요소들과 관련하여 그 세계를 이해하려는 관심이라든가, 그것이 띠고 있는 모습에 대한 완전하며 객관적이고, 추상적인 그런 이해를 추구하고자 하는 충동에 대해 결코 대당되지 않는다. 이 세계를 이해하려는 관심은 창조 이야기 도처에서 찾아볼 수 있는 것이다. 실제로 이 두 세계는 서로 지극히 상호 보충적이다. 창조에 관한 이와 같은 진술은 알려져 있는 것을 객관적으로 알고 진술하게끔 자극받고 충동된 어떤 한 근본적인 태도에서 연원한다. 그것은 바로 이 목적을 위하여 당신의 세계를 창조한 창조자에 그 뿌리를 내리고 있다는 사실에 입각하여 규정되어 나갈 그와 같은 충동인 것으로서, 이에 따라 그분의 창조물은 정신으로써 그것(세계)을 파악해야 하고, 탐구를 통하여 그 깊이를 추량해 내야 하는 것이다. 인간의 창조에 관하여 다루는 대목에서 이 점이 더 분명하게 밝혀지게 된다.

〈2〉

창세기 1장에 나타난 인간 창조

인간 창조(1, 26-31)가 그 이전의 창조 작업들과는 다르게 진술되어 있다는 것은 대번에 분명하게 드러난다. 이 대목은 이전에 쓰여 왔던 것과는 전혀 다른 새로운 도입구로 시작된다. "(우리) 사람을 … 만들자"는 표현이 그것이다. 여기에는 다른 창조 작업들의 구조에 나타나는 공통적인 것이 빠져 있다. 인간의 창조는 말을 통한 창조로 나타나지를 않는다. 물론 이 독특성은 전승사를 통해서 설명될 수가 있다. 인간 창조의 경우 이전에는 독립적인 창조 설화였다(2장에 관한 주석을 보라). 즉, 1, 26-31은 인간 창조에 관하여 독립적으로 전승되어 온 설화에로까지 거슬러올라가는 것으로서, 이것이 후에 비로소 세계 창조 이야기의 한 부분이 되었던 것이다. 이렇게 볼 때 1, 26-31은 역시 인간 창조에 관하여 다루는 2, 4b-24와 병행을 이루는 이야기라고 하겠다.

2장에 전해지는 더 오래된 이야기를 후대에 형성된 1, 26-31의 이야기와 비교해 본다면, 우리는 즉시 다음과 같은 차이점이 드러나는 것을 알 수 있다. 먼저 2장은 그 사건이 어떻게 발생하였는가를 언급하는 데 비해서, 1, 26-31은 인간 창조의 과정을 전적으로 이야기의 이면에 묻어 놓았다. 여기서는 그 과정에 관해서는 전혀 언급되지 않고, 인간이 만들어진 재료가 무엇인지, 남자와 여자가 어떻게 만들어졌는지에 대해서 역시 일체 언급이 없다. 다만 인간이 창조된 것과 창조된 목적이 무엇인가에 관해서 강조되고 있을 따름이다. 이제 관심은 인간이란 무엇인가라는 물음으로 옮겨진다. 하느님의 한 창조물로서의 인간에 대해서, 그리고 그러한 그의 신분이 그의 존재의 의미를 어떻게 규정해 주는가에 대해서 관심이 기울여지고 있는 것이다.

인간의 기원에 관한 물음은 자연과학과 신앙간에 첨예한 대립을 일으켜 왔다. 종의 기원에 관한 다윈의 학설이 옳은가, 아니면 창조에 관한 성서의 가르침이 옳은가? 인간은 원숭이에 기원을 두고 있는가, 아니면 하느님에 의해 창조되었는가? 이 논쟁은 과학적으로나 신학적으로나 모두 시대의 제약 속에서 나타난 일시적인 것이었다. 오늘 이 시대에 와서는 양측 모두 그러한 논쟁이 사실상 의미를 상실했거나 그렇게 되어가는 중이라는 것을 알고 있다. 과학이 인류의 초기 역사나 "호모 사피엔스", 인류의 기원을 설명하는 문제로 나타날 경우, 이데올로기적인 이해가 얽혀들면서 성서에 보이는 인간의 창조에 관한 성찰과는 충돌할 수밖에 없다. 신학 측에서는 인류의 초기 역사에 관한 과학적 연구의 결과에 대한 근본적인 대결 상태가, 교회의 가르침이 인간의 창조에 관한 고정된 진술 방식에 여전히 매여 있을 때는, 어쩔 수 없이 야기될 수밖에 없다는 것을 다른 그 어느 때보다도 분명하게 간파하고 있다. 실제로 1,26-31과 2장의 두 창조 이야기들은 그와 같은 고정된 진술 방식은 없다는 것, 창조에 관한 한 서로 다른 많은 진술들이 있다는 것, 그리고 이러한 진술들은 각기 다른 시대에 서로 다른 철학적 전제들로부터 야기되며, 이것들은 서로 병립할 수 있도록 허용되어 왔다는 것을 보여준다. 이러한 사실은 예컨대, 창세기 1장과 2장에 전해지는 남자와 여자의 창조 — 우리는 뒤에 가서 이에 관하여 살펴볼 것이다 — 에 관한 상이한 두 기록에 의해 분명하게 입증된다. 그러므로 창세기 2장에 전해진 훨씬 더 오래된 기록과는 대조적으로 이보다 후대에 쓰어진 창세기 1장의 인간 창조 기록은 인간 창조가 어떤 방식으로 이루어졌는가 하는 창조 방식을 그려내고자 하는 일체의 시도를 포기하고 단순히 하느님이 인간을 창조하셨다고만 이야기할 때, 그리고 한결음 더 나아가서 후대에 쓰어진 이 기록의 경우 두 개별자, 아담과 하와의 창조에 대해서는 더 이상 언급하지 않은 채 오로지 인류의, 한 스페치에스(種)의, 인간의 창조에 대해서만 이야기할 따름이라고 할 때, 그때 우리는 여기서 창조의 과정이 어떻게 발생하였는가와 관련하여 극도의 유보 상태 쪽으로 점진적으로 발전, 전개되었음을 나타내 주는 아주 분명한 한 지표를 얻게 된다. 그리고 이것은 경외를 지닌 채 인간 정신이 도달하지 못하는 창조의 비밀을 보존한다는, 제관계 기록 전체를 관통해 있는 의도와 그 지향하고 잘 조화되어 있다. 따라서 인간 종족의 맨 처음에 대한 탐구를 — 이 궁극적인 비밀은 존중된 상태에서 — 시도하는 인간에게 즉시 그 길이 열려지게 되는 것이다. 우리가 구약성서에서 인류의 창조에 관하여 이야기되었어야 하리라고 여겨지는 것을 살펴볼 때, 그것도 역사적인 관점에서, 즉 여기에 언급되는 것을 역사적인 순서 속에서 받아들일 때, 그리고 이와 같은 역사적인 관점이 우리로 하여금 이해할 수 있도록 하는 점진적인 발전을 숙고해 나갈 때, 성서에서 개진되는 인간의 창조에 관한 성찰과 인류의 초기 역사에 대한 과학적 추구간에 서로 배타적인 대립 현상이 반드시 나타나는 것은 아닌 것이다.

  인류의 기원과 관련한 신앙과 과학간의 논쟁은 특별한 한 의미를 가진다. 인간이 발달해 온 역사에 있어서, 제관계 창조 이야기는 창조에 관한 전(前)신화적인, 그리고 신화적인 성찰(창조 사실을 전제하고 시도하는 성찰)을 보이는 시기들과 맨 처음에 대하여 과학적인 탐구를 시도하는 시기들 사이에 위치한다.

그런데 저 이전 시기들은 여러 방식 면에서 창세기 1장을 상기시켜 주고 있고, 또 실제로 창세기 1장은 이 시기들에 대해서 완전히 개방되어 있는 상태이다. 인간을 창조하리라는 하느님의 결정은 창조 영역에서 인간이 차지하는 각별한 위치를 드러내 준다. 이 위치가 얼마나 각별한가 하는 사실은 하느님이 제일 먼저 부여한 특질로서, 인간을 특성짓는 "… 우리와 비슷이, 우리 모습대로 …"라는 진술에 의해 곧바로 확연하게 드러난다. 여기에는 다시 창조의 결과로 나타난 창조물들 가운데서 인간 이외의 것들에 대한 지배(26b절)라고 하는 인간의 두번째 특질이 덧붙여지게 된다.

저자는 하느님의 결정에 대해서 상세히 기술하면서 인간 — 남성과 여성 — 이 하느님의 모습에 따라 창조되었다는 것을 강조하여 이것을 거듭해서 되풀이하고 있다. 그리고 여기에 역시 명령형으로 표현된 인류에 대한 축복이 나타난다. "자식 낳아 번성하고 온 땅을 채워(라) …"(28절). 이 축복에 이어서 곧바로 인간을 특성짓는 두번째 특질이 따라나온다. "… 그(땅)를 복종시키며 … 땅 위에서 움직이는 모든 생물을 다스리라"(28절). 끝으로 이 단계에 있어서는 식물체에 한정되어 있는 양식을 인간에게 마련해 주는 대목이 자리잡고 있다(29절).

이 구절들은 한 인간 존재가 된다는 것이 무엇을 의미하는가를 요약해 주고 있다. 즉, 인간은 하느님의 한 창조물로서 띠는 모습 바로 그대로의 존재로서, 그의 창조물로서의 신분이 그의 능력과 실존의 의미를 규정한다는 것이다. 인간이 무엇인가를 할 수 있을 때, 그 능력은 축복에 의해 인간에게 부여된 것이다. 번식 능력을 제어하는 것으로서 이해된 축복은 인간이 동물들과 함께 공유하고 있는 선물이다. 이것은 인간과 짐승을 한데 묶어 주는 어떤 것이다. 동물들이 인간과 마찬가지로 창조의 축복에 참여해 있다는 것을 깨닫지 못하는 사람은 창조자가 자신의 모습에 따라 인간을 창조하리라는 당신의 결정을 표현하기 위하여 사용하고 있는 다른 표현들을 이해할 수 없다. 번식 능력으로서의 축복은 모든 살아 움직이는 생명체에 귀속한다. 인간과 짐승은 모두 공통적으로 그러한 능력을 갖는 것인데, 하지만 그들은 서로 다르게 발전해 나갈 것이다. 번식력으로서의 축복의 힘은 수태와 임신 그리고 출산의 능력은 물론 동반자의 선택으로부터 자녀를 보살피고 교육하는 문제에 이르기까지, 잉태와 출생을 통한 번성의 전 과정 역시 의미한다. 인간과 짐승을 하나로 묶어 주는 것이 바로 이 점으로서, 인간이 존재하는 한 그리고 이렇게 함께 공유하는 것이 인간의 창조 행위, 바로 거기에 포괄되어 있기 때문에도, 이것은 제관계 작가에 의해 철저하게 긍정적인 어떤 것으로서, 인간의 진보를 인간답게 촉진시키는 어떤 것으로서 여겨지고 있다. 이것이 축복이 의미하는 그것이다. 인간 실존에 있어서 이와 같은 동물적인 부분은 인간 역사상 오랜 시기에 걸쳐 과소평가되었거나 옆으로 밀쳐져 있었다(때때로 여자에 대한 과소평가 현상도 같이 나타났고 말이다). 이 면은 축복으로서라기보다는 오히려 죄요 불결, 부정(不淨)의 영역으로 간주되었다. "육적인" 것은 죄스럽고 경멸적인 것이 되어버렸던 것이다. 그러나 창조 이야기에는 이와 같은 태도를 드러내 주는 흔적이라고는 전혀 없다.

  인간과 짐승을 한데 묶어 주는 것이 후기 시대들에서보다도 한층 더 분명하게 지각되고, 한층 더 순수하게 인식되었던 시기 역시 인류 역사 속에 있었기도 하다. 사실 오늘 이 시대에 와서야 비로소 우리의 인간학적 지식과 심리학적 지식이 그리고 특히 행동 유형에 대한 연구 결과(**Konrad Lorenz**)가 인간과 짐승 간에 실재하는 여러 관계의 풍부한 토대에 대한 자각에 이르는 길을 열어주고 있는 것이다. 인간 실존이 그러한 지식, 그러한 결과를 철저하게 규명, 수용하는 것은 지극히 중요한 일이지 않을 수 없을 것이다.

축복은 인간의 바로 그 실존과 짐승들의 생명 모두를 포괄하고 있다는 사실을 깨닫는 것이 성서가 축복한다는 말로 의미하는 것을 깨닫는 데에 있어서 본질적인 문제이다. 축복은 인간에게 "자연적인" 것이지만, 인간을 다른 창조물들과 연결짓는 그것이 없는 상태에서의 경우 인간은 "자연적"이지 않은 것이다.

하지만 만일 인간의 창조가 어떤 한 새롭고도 장엄한 도입구로 하여 앞서의 창조 행위들과 구별된다고 한다면, 그렇다면 인간에게 주어진 축복은 틀림없이 새롭고도 더 넓은 어떤 의미를 띨 것이다. 그리고 실제로 이 의미는 세계와 다른 창조물들에 대한 인간의 특수한 관계에 놓여 있다. 이제 비로소 창조의 결과로 나타난 창조물들 가운데서 인간 이외의 다른 것들에 대하여 인간이 갖는 관계의 다른 면이 역설되는데, 즉 짐승들에 대해 "… 그것들을 다스리라"(28절)는 것이다. 그리고 땅과 관련해서는 "… 그것을 복종시키라"는 것이다.

우리는 여기서 특히 우리 세대에 딱 들어맞는 아주 중요한 성서의 한 선언을 대하게 된다. 무엇보다도 먼저 성서의 창조 이야기는 주변 세계의 배경에 맞서서 진술되지 않으면 안되었다. 고대의 창조 이야기들 중에서 많은 것들 역시 인간이 무엇을 위해 만들어졌는지, 그 목적에 대해서 전한다. 수메르, 바빌로니아 설화들에서의 경우 인간은 "신들의 멍에를 끌기 위해" 창조된다. 신화적인 표현에 있어서 이것은 신들을 일상의 따분한 짐에서 풀려나게 한다는 것을 뜻한다. 아트라카시스 서사시에는 한 극적인 이야기가 자세하게 묘사되어 나오는데, 이 서사시에 따르면, 매일 힘겨운 작업을 맡아 해야 하는 저급한 신성을 띤 그룹이 반란을 일으켰고, 이에 이 문제를 다루기 위해서 소집된 신들의 회합에서 인간을 창조하여 그에게 일을 부과하기로 결정하게 된다. 결국 인간의 창조는 신들을 일의 멍에로부터 풀어 자유롭게 해주는 해방으로서 거행된 것이다. 이러한 맥락에서 우리는 수메르의 광대한 성전 지역에서 행해지던 제의를 생각해 보지 않을 수 없게 되는데, 이곳에서는 가장 초기의 수메르 시대부터 대규모 공공 사업들이 성전과 제의하고 연계되어 있었다. 결국 인간의 창조는 원래 신들을 섬기는 의례(儀禮)에 결부지어진 채 제의로 방향지어져 있었던 것이다.

그러나 제관계 창조 이야기에 나타난 인간의 운명은 근본적으로 다르다. 인간 창조의 목표는 신들을 섬기는 것이라든가 신들의 필요와는 아무 관련이 없다. 여기서는 그 목표가 곧바로 인간들의 세계에로 향해져 있는 것이다. 인간은 신들을 모시기 위해서가 아니라 땅을, 곧 세상을 문명화하기 위하여 창조된다. 제관계 기록이 제관계, 제의 전승에서 성장해 나온 작품이라는 점, 그리고 그 목표는 예루살렘에 성전을 세워 거룩한 자리에서 지속적으로 예배를 드리도록 하는 것이라는 점을 기억해 본다면 이것의 의미는 분명해진다. 여기서의 경우 인간의 창조에 방향을 부여해 주는 것은 제의가 아니다. 결정적인 요소는 인간이 땅을 다스려야 한다는 것, 이것인 것이다. 이와 같은 비상한 선견지명에 대한 한 설명으로서 우리는 제관계 설화의 저자가 자신의 작품을 바빌로니아의 설화 양식에 따라 구성하지 않았다는 사실을 들 수 있는데, 바빌로니아의 그것의 경우 인류 창조의 시원 사건들로부터 곧바로 왕권 수립과 성전 제의로 이끌어가고 있다. 하지만 제관계 저자의 경우 즉시 한 백성의 역사 속으로 뛰어드는데 — 이 백성은 많은 단계들을 거쳐서야 비로소 왕권과 성전 제의를 확립하기에 이르를 수 있었을 따름이다 — 그러고 나서 그는 이 역사를 10장에서 여러 민족들의 계보에서 개관된 바와 같은 세계 역사의 광범한 무대에 대비시켜서 진술하고 있다. 따라서 제관계 기록에서의 경우 인간은 맨 처음부터 인류 역사의 맥락에서, 어느 한 특정 지역에서 발생된 제한된 제의보다 훨씬 더 넓은 맥락에서 이해되고 있는 것이다.

그렇다면 인간이 땅을 다스리게끔 운명지어졌다고 말함으로써 의미하는 바는 무엇인가? 이와 관련해서 우리는 두 가지를 함께 살펴보아야 할 것이다. 인간의 지배가 왕들의 지배를 나타낼 때 사용된 언어를 통해서 기술되었다는 것과, 이 지배에 복종할 대상은 제일 먼저 동물들이라는 것이 그것이다. 이 두 측면들은 시편 8에서 찾아볼 수 있는데, 이 시편은 말하자면, 창조를 이야기하는 저 창세기 대목의 메아리라고 하겠다.

> 그러나 당신은 그를 천신들보다 좀 못하게 만드셨으며,
> 영광과 명예의 관을 그에게 씌우셨나이다.
> (당신은) 그로 하여금 당신 손의 (창)조물들을 다스리게 하셨으며,
> 모든 것을 당신이 그의 발 밑에 굴복시키셨나이다.
> 저 모든 양떼와 소들뿐더러
> 들의 짐승들까지도,
> 저 하늘의 새들과 바닷물 고기들 하여 …
> 우리의 상주(常主)신 주시여,
> 당신 이름이 온 세상에서 얼마나 기이(엄위)하시나이까!
> (시편 8,5-9)*

---

* 이 번역은 고 선종완 신부의 시편 번역인 〈성영〉, 한국 천주교 중앙 협의회, 1959의 8,6-10을 인용한 것이다. RSV와 공동 번역에 따르면 8,5-9임.

"… 온 땅을 채워 그(땅)를 복종시키라"는 문장에 쓰인 동사는 특히 왕의 다스림을 나타내기 위해서 쓰이는 동사이다. 예를 들면 이것은 1열왕 5,4와 시편 110,2에서 쓰인 것과 같은 동사이다. 오늘에 와서는 이 표현이 바빌로니아와 이집트의 궁중 양식에 기원을 두고 있다는 사실이 입증되었다. 시편 8에서의 경우 이 점이 훨씬 더 분명하게 나타난다. 여기에는 왕의 다스림의 영역에 속하는, 왕다운 어떤 것이 표현되어 있다. 그 지배는 동물들에 대한 인간의 다스림에서 예시된 것으로 이해되고 있다. 이러한 주목할 만한 관계를 이해하기 위해서 우리는 아주 먼 과거에까지 거슬러 가 닿아 있는 창조 설화들의 한 전승을 상정하지 않을 수 없다. 여기에는 인류 역사의 초기에 있어서 동물이 인간의 결정적인 적이었으며, 인간은 동물들과의 싸움을 통하여 인간으로서의 자신의 지위를 획득했다는 고대 전승의 반향이 자리잡고 있는 것이다. 동물들에 대한 지배는 인간 실존의 특성으로 간주될 수 있다. 그렇지만 땅을 복종시키는 것과 마찬가지로 동물들을 다스리는 것 — 이것은 전자의 연장일 따름이다 — 은 결코 착취를 내포하지 않는다. 오히려 성서가 인간을 땅을 복종시켜야 할 운명을 띤 존재로 규정할 때, 성서는 새롭고도 중요한 어떤 한 차원을 이끌어들이고 있다.

땅을 복종시킨다는 것은 고대에 형성되어 있던 왕권 개념에 의하여 분명하게 밝혀져야 할 왕과 관련된 함축적 의미들을 내포하고 있다. 자기 영토의 주군으로서 왕은 단지 그 영역에 대해서 책임이 있는 것만이 아니다. 그는 자신에게 맡겨진 영역을 위해 축복을 가져다 주는 자요, 또한 그 축복을 중재하는 자이기도 한 것이다. 만일 인간이 땅의 자원들을 착취하여 대지와 초목, 동물들, 강과 바다들을 손상시킬 경우, 그는 땅에 대한 지배라고 하는 자신의 왕다운 직무에서 실패하고 말 것이다. 대지의 풍요한 산출력과 맑은 공기, 그리고 수질 상태에 직접적인 위협이 가해지고 있는 오늘날에 와서야 비로소 과학 기술 시대의 맹렬한 진보로 야기된 치명적인 결과에 대한 공포가 뒤늦게 자각되고 있는 중이다. 이제 와서야 겨우 몇몇 사람들이 오늘에 이르기까지 진보를 꾀해 나온 과정에서 무언가가 잘못되어 왔다는 것을 드러내어 주는 과오들을 통해 이 점을 익히기 시작하고 있다.

산업화 시대가 개시된 이래 지난 수십년 동안 교회와 교회의 설교자들은 때때로 과학과 기술 공학이 자연의 힘들을 장악하려는 그 탐구와 노력 면에서 너무 지나침으로써 그 결과 자연에 재갈을 물리고 말았다는 이의를 제기했었다. 또한 이들은 원자 분열에서 생기는 힘을 얻는 것 역시 인간에게 설정된 한계들을 넘어가는 행위였다고 이의를 제기하기도 했었다.

그러나 이와 같은 이의와 경고는 제기되면서도, 이것이 지금까지 줄곧 별반 효과를 거두지 못했던 것은 차치하고라도, 결정적인 것은 언급되지를 않았다. 결정적인 것이란 바로 인간에게 맡겨진 것을 보존할 책임이다. 우리 인간은 고대 세계의 왕들과 같이 번영과 복지의 중재라고 하는 자신의 왕다운 직무를 수행함으로써 그 책임을 보여줄 수 있어야 하는 것이다. 과학의 진보와 기술의 진보는 제동이 걸릴 수도 없고, 또 걸려서도 안된다. 그러나 모든 살아 있는 것에 속해 있는 환경에 대한 인간의 책임은 반드시 재고되지 않으면 안될 일이다.

여기서 성서의 창조 이야기는 지금까지는 거의 주의가 기울여지지 않았던 어떤 것을 드러내 준다. 이 이야기는 동물들에 대해 인간이 행사하는 지배로부터, 인간이 창조의 결과로 나타난 창조물들에 대해서 자신의 왕다운 지배를 어떻게 행사할 것인가를 밝혀주고 있는 것이다. 이것은 오직 인간 자신이 동물들과 자신의 관계를 발전, 개진시켜 오면서, 인간이 동물과 자신의 관계로부터 많은 것을 배워왔다는 사실을 의미하는 것 이외에 다른 것일 수가 없다. 한때는 인간과 짐승들이 서로 죽도록 싸웠던 투쟁기가 있었다. 한데 이 싸움은 동물들의 멸절이 아니라 함께 생존하는 상태로 막을 내렸다. 그리고 인간이 지배가 어떠해야 하는가를 익힌 것이 바로 여기서였던 것이다. 사실 어떤 면에서 볼 때, 인간이 생존할 수 있다는 것은, 동물들은 반드시 죽임을 당하지 않으면 안된다는 것을 의미했다. 그러나 동시에 이것은 인간이 동물들과의 사이에서 어떤 새로운 관계에 들어섰다는 것, 인간이 그것들을 길들이게 되었고, 이러한 관계 속에서 인간은 자신의 실존의 새로운 면모를 표현하게 되었다는 것을 의미하기도 했던 것이다. 동물들은 인간의 목소리에 이끌려지게끔 되었고, 그 목소리에 복종하게 되었다. 인간과 짐승간에 신뢰 관계가 형성될 수 있었다. 동물들은 인간에게 충성심을 보여주었고, 인간을 지켜주고, 위험을 알려주고, 구해줄 수 있게 되었다. 이어서 동물들에 대한 인간의 태도는 세계에 대한 자신의 태도를 드러내 주는 양식이 되기에 이르렀다. 동물들을 다스리면서 인간은 인격적으로 그리고 깊이 베푸는 자로 존재하게 되었고, 가장 참되게 인간적인 상태로 존재할 수 있었다. 그러나 땅을 다스리는 인간이 자연의 힘을 다스리고자 하는 시도를 계속하였을 때, 이 모든 것이, 적어도 그 대부분이 상실되었다. 자연의 힘에 대한 인간의 지배는 살아 존재하는 것들의 세계에 대한 것과 똑같은 것일 수가 없다. 그럼에도 불구하고 인간이 자연의 힘을 다스리기에 이르를 때, 인간은 자신이 동물들을 다스리면서 익혔던 것을 잊어서는 안됐었다. 여기에는 인류의 미래를 위한 근본적으로 중요한 의미를 띠는 선택이 가로놓여 있는 것이다. 즉, 자신의 파괴 행위가 뒤에 가서 야기시킬 상황에 대하여 전혀 무관심했던 반달족처럼 인간은 자연의 힘을 착취할 것인가? 아니면 전체와 그 미래를 위한 자신의 책임을 의식하는 숭고한 주군과 같이, 각각의 새로운 획득이 이루어질 때 그 전체가 건전한 상태를 지속할 수 있게끔 보살펴 나갈 것인가?

동물들을 다스리라는 명령을 제대로 이해하기 위해서는 이 명령이 간접적으로는 인간은 인간에게 지배를 행사하도록 창조되지 않았다는 것을 진술하고 있다는 점을 깨닫는 것이 무엇보다도 필요하다. 인간이 인간에게 지배를 가하는 것은 인간에게 본래적인 것으로 규정된 (신에 의해 내려진 명이라는 의미에서의) 운명, 곧 천분에 속하지 않는다. 어떤 특정한 상황 속에서의 경우 이같은 인간에 대한 인간의 지배가 요청될 수는 있을 것이다. 그러나 그것 자체는 인간 실존을 구성하는 한 요소가 아니다. 어떤 집단들은 지배하도록 태어났고, 다른 어떤 집단들은 섬기도록 태어났다는 주장은 창조물로서의 인간에 대한 성서의 성찰과는 일치하지 않는다. 창조 설화는 지배를 모든 사람에게 속해 있는 어떤 것으로서, 그리고 모두는 지배를 위해 창조된 것으로서 이해한다. 그 까닭은 지배란 참으로 동물들과 인간 이외의 다른 창조물들에 대한 지배권을 의미하는 것이라는 데에 있다. 인간에 대한 인간의 지배는 이러한 사명 부여와는 전혀 일치하지 않는 것이다.

땅을 복종시키라는 명은 곧바로 창조의 축복과 연결된다. 증가와 지배가 이 축복을 설명하는 내용이다. 이것들은 그 축복을 동물들에 귀속하는 축복과 구별지어 주는 요소들이다. 이와 같은 처지에서의 인간 실존은 그 일체의 측면들과 관련하여 축복받는다. 축복은 인간으로 하여금 세대에서 세대로의 대물림을 지속해 나갈 수 있게 해준다. 창세기 5장의 족보에서 개진되는 계속적인 대물림에서 작용하고 있는 것이 바로 이 축복의 힘인 것이다. 또한 그 축복은 4,17-26의 족보에서 보여주듯이 인간의 일의 발달과 분화 그리고 그 다양성을 이루는 데 역시 작용하고 있다. 축복의 힘은 단순히 그것이 실존을 계속 유지할 수 있도록 하는 면에만 작용하는 것이 아니다. 그것은 앞으로 밀고 나가는, 더 풍부한 생성력이기도 한 것이다. 축복에 대한 성서의 성찰은 이스라엘을 에두르고 있는 당대 세계의 정황에 대비시켜서 이해되지 않으면 안된다. 그 주변 세계에서의 경우 그와 같은 번식력은 신격화되어 있었고, 다양한 형태의 신화와 제의를 유발시켰던 터였다. 하지만 창세기에는 그러한 신격화가 불가능하다. 왜냐하면, 창조자 홀로만이 하느님인 까닭이고, 창조자의 축복에 내포되어 있는 번식력은 전적으로 인간에게 향해져 있는 까닭이다. 이 힘을 베풀어 준 존재는 창조자, 바로 그분이다. 그리고 이와 같은 사실은 기원들에 관한 성서 기록에서 분명해지는데, 여기서는 순환적인 성격을 띤 질서, 삶과 죽음의 지속적 순환이 인류로 하여금 시간과 공간 속에서 깊고도 넓게 퍼져나가게 하는 이 힘 앞에서 완전히 그 빛을 잃고 있는 것이다. 창조 때에 주어진 이 축복이 역사의 흐름 속에서 제의적 축복이 되어갈 것이다.

⟨3⟩

하느님의 모습, 하느님의 닮은꼴

다른 창조물들에 대한 인간의 지배에 관하여 언급된 내용은 인간을 창조하기로 결정할 때 그에게 부여된 운명이라고 하는 더 넓은 맥락에서 고려되어야 한다. 하느님은 말씀하셨다. "사람을 우리 모습대로 우리의 닮은꼴로 만들자." 그러고 나서 이 결정이 구체화되면서 이렇게 되풀이해서 강조된다. "하느님께서 당신 모습 따라 사람을 창조하셨다. 하느님의 모습 따라 그를 창조하셨다."

이 대목의 의미를 살펴보기 전에 이것이 현 시대에 있어서 갖는 중요성에 대하여 한마디 언급하지 않을 수 없는 점이 있다. 포이에르바하(L. Feuerbach)에 의해 이 문장이 역으로 해석되면서 인간이 인간의 모습에 따라 신들을 인식하였다는 주장이 우리가 살고 있는 이 시대에 와서 교회와 신학 내에서 모두 신, 하느님에 대하여 이야기하기를 포기하게 하고 신학을 비판적 인본주의로 전도시키고자 하는 운동을 야기시키게 되었다. 이 운동은 교회와 신학을 공격하는 무신론보다 훨씬 더 빨리 끝날 것이다. 그렇지만 이것은 우리 시대의 혁명적 상황의 특성이다. 전적인 혼란 상황이다. 더 이상 하느님에 관하여 언급하지도, 하느님을 믿지도, 그분께 기도하지도 않을 비판적 인본주의는 신앙을 지닐 수가 없다. 왜냐하면 "하느님의 모습, 하느님의 닮은꼴"이라는 구절을 포기함으로써 이 인간론은 바로 성서의 인본주의의 토대뿐만 아니라 보편적인 인본주의의 그것까지도 포기해 버렸기 때문이다. 그렇다면 이 구절은 무엇을 의미하는가? 이것은 인간에 대한 것이 아니라 인간의 창조에 대한 어떤 한 선언이다. 그 의미는 오로지 창조 행위에 앞서는 어떤 것으로부터 이해될 수 있을 따름이다. 이 본문은 자신의 모습에 따라 인간을 창조하기로 결정한 하느님의 한 행위에 대한 진술을 시도하고 있다. 그 의미는 창조 사건 자체로부터 드러나와야만 한다. 하느님이 창조하기로 한 것은 그분과의 관계 속에 위치해 있지 않으면 안되는 것이다. 하느님의 모습에 따른 인간의 창조는 하느님과 인간간에 벌어진 어떤 것에로 향해져 있다. 창조자는 자신과 상응하는, 그리고 그분이 말을 건넬 수 있고 그분이 하시는 말씀을 들을 수 있는 한 창조물을 창조하셨다. 여기서 창조 설화에 나타나는 인간의 경우 어떤 한 개인이 아니라 집합체라고 하는 사실이 주목되어야 한다. 하느님의 모습에 따른 창조는 한 개별인에 대해서가 아니라 인류, 종(species), 인간과 관계되어 있는 것이다. 이러한 사실이 갖는 의미는 인류가 창조됨으로써 하느님과 인간간에 무언가 발생할 수 있다는 데 있다. 인류는 하느님 앞에 서도록 창조된 창조물인 것이다.

　하느님이 자신의 모습에 따라 인간을 창조하였다는 지극히 단순하고 분명한 설명구가 아주 최근에 와서야 철저하게 이해되기 시작했다는 사실은 놀라운 일이다. 후기 유다이즘과 교회 교부들 시대 이래 이 구절은 이에 관한 문헌 자료만 해도 거의 주체할 수 없을 정도로 지극히 생동적인 관심을 불러일으켜 왔다. 그러나 이 문제는 거의 언제나, 필연적으로 정확치 못한 이해에 이를 수밖에 없는 그런 한 물음에 의해 규정되어 왔다. 과거에는 우리가 여기서 대하는 것이 개인으로서의 인간에 대한 한 선언이라고 생각했었다. 따라서 사람들은 하느님의 모습이요 그분을 닮은꼴로서의 인간에게 부여된 어떤 한 특수한 자질을 찾아

내려고 애써왔다. 결국 맨 처음 출발부터 논지를 놓친 것이다. 창조 설화가 이 맥락에서 그러한 구절을 사용하여 이야기하고 있는 것은 그런 식의 인간에 대한 어떤 것이 전혀 아닌 것이었다. 즉, 이 창조 설화는 하나의 창조 사건에 관하여 이야기하고 있었던 것이다. 그럼에도 하느님의 모습, 그분을 닮은꼴로서의 인간이 창조 사건으로부터 단절되어서, 그 존재가 받았을 것으로 상정된 자질에 대하여 끝없이 펼쳐나가는 사변의 대상이 되어버렸다. 그리고 이 자질은 언제나 각 시대의 이데올로기적 관점에 입각해서 설명되어 왔다. 누구든지 이 문장에 대한 주석사를 일별해 볼 경우(*Biblicher Kommentar* I, 3, 203-214면 참조), 즉시 성서 주석이 지극히 시대적 제약에 묶여 있다는 사실을 깊이 확신하게 될 것이다.

하느님의 모습과 그분을 닮은꼴에 있어서의 자연적인 상태와 초자연적인 상태를 구분지은 첫 인물은 이레네우스(Irenaeus)였다. 이 가르침은 오랜 동안 압도적인 영향력을 미쳤다. 그리고 그리스 철학의 영향권하에 있었던 필로(Philo)는 이 모습과 닮은꼴을 인간의 영적 능력 또는 인간의 우월성과 관련하여 이해하였다. 이러한 설명은 그 모습과 닮은꼴의 자연적인 양상으로서 그리스도교 교회 내에 받아들여져서 뿌리내리게 되었다. 아우구스티누스에 의하면 이것은 영혼의 능력들, 곧 기억과 지성과 사랑을 이룬다. 19세기의 프로테스탄트 교의신학자들은 이와 비슷한 방식으로 그 모습과 닮은꼴에 관하여 언급한다. 또한 현대의 유다 주석가들과 그리스 정교회 신학자들 가운데서 역시 이와 유사한 설명들을 찾아볼 수 있다. 새보운 해석자들은 종교, 도덕적 개인의 생활 속에서(**Schleiermacher**) 그리고 인격성과 이해, 자유 의지, 자아 의식, 지성, 영적 실존, 영적 우월성, 영혼의 불사성(不死性), 다른 창조물들에 대한 인간의 지배적 위치에서 그 설명을 찾고 있다.

하느님의 모습과 그분을 닮은꼴이 또 다른 방향을 부여받아서 이것이 인간의 외적인 모양새를 형성하는 것으로 이해될 경우, 여기에는 사실 어떤 반어적(反語的)인 어조가 없지 않다. 아무튼 궁켈(H. Gunkel)은 "첫 인간은 형상과 외모에 있어서 하느님과 닮았다"고 말한다. 이렇게 주장하는 그에게는 많은 추종자들이 있었다. 실제로 개별 단어들의 의미에 대해서 철저한 조사를 벌인 끝에 그 연구 결과를 바탕으로 훔베르트(P. Humbert)는 이 주장을 지지하였고, 쾰러(L. Köhler)는 이것이 의미하는 것은 인간이 직립한 외양이라고 진술하는 가운데 더욱 진전시켰다. 슈탐(J. J. Stamm)은 1940년까지 "외적인 형상이 그 모습의 본질로서 표명되고 있다는 의견의 일치가" 광범위하게 받아들여지는 현상을 확인하고 있다.

그러나 이러한 주장은 도처에서 비판되기도 했다. 바로 브리젠(Th. C. Vriezen)이 인간에 관한 구약성서의 성찰과 관련하여 성서는 육체적인 것과 영적인 것 간의 그 어떤 구분도 전혀 알고 있지 않다는 점을 파악하여 상당히 설득력있는 이의를 제기한 인물이었는데, 구약성서는 오로지 전체로서의 인간에 대해 이야기하고 있을 따름인 것이다. 이러한 그의 주장에 대해 상당한 호응이 나타났다. "하느님의 모습은 개인에 속한 어떤 것을 형성하는 것이 아니다. 그것은 오히려 전혀 입증될 수 없는 어떤 것으로서, 인간 실존 전체에 속하는 어떤 것을 이룬다"(F. K. Schumann)는 것이다. 그러나 이러한 설명조차도 하느님의 모습과 그분을 닮은꼴이라고 하는 것을 어떤 것, 어떤 한 자질로서 보려는 경향에서 완전히 떨어져 나온 것만은 분명 아니다. 비록 이 어떤 것이 우리가 식별해 낼 수 있는 것은 아니라고 설명된다고는 하더라도 말이다.

이와는 아주 다른 접근을 우리는 칼 바르트(Karl Barth)에게서 찾아볼 수 있다. 그는 이와 관련하여 이렇게 언급한다. "그것은 인간이 존재하는 혹은 행하는 그 이외의 다른 어떤 것을 이루는 것이 아니다. 그것은 인간 자신이 바로 그렇게 하느님의 창조물로서 존재하기 때문에 존재한다. 인간은 만일 그가 하느님의 모습, 모상이 아니라면 인간이지 못할 것이다. 인간은 바로 그가 인간이기 때문에 하느님의 모습, 모상인 것이다" (*Kirchliche Dogmatik* III,I, 206면). 하지만 하느님의 모습과 그분의 닮은꼴에 대한 이처럼 전혀 새로운 설명도 이것이 창조 사건의 맥락 속에서 설명될 때 비로소 분명해지게 된다. 바르트는 이에 대해서 다음과 같이 정확히 설명하고 있다. 그것은 실제로 "인간 실존의 특수한 성격"으로 서술되어야 할 것으로서, "말하자면 이로 말미암아 하느님에 의해 발설된 말이 전해질 수 있는 '너'와 하느님 앞에 책임있는 존재로서의 '나'가 존재하게 되는 것이다"(*Kirchliche Dogmatik* III,I, 204-233면). 많은 구약성서 해석자들이 이와 관련하여 바르트에게 동의를 표하고 있다. 예를 들면 J.J. 슈탐과 호르스트(F. Horst)와 같은 이들이 그러한 학자들인데, 이들은 다음과 같은 견해를 피력한다.

그것은 하느님의 특별한 은총으로서 인간의 바로 저 인격적인 실존을 의미하는데, 하느님은 그분 자신의 전적으로 탁월한 자유로써 모든 창조물들 가운데서 오직 인간에게만 그분 앞에 설 지극히 독보적인 위치를 허락해 주셨다. 그분은 인간에게 당신 자신에 상응하는 어떤 것을 베풀어 주셔서 당신이 그와 함께 이야기할 수 있고 그와 더불어 공동체를 형성하며, 인간 측에서의 경우 스스로 하느님께 자신을 복종시켜서 말하자면 그분과 함께 이야기를 나누고 그분 앞에 서며 그분 면전에서 살고 움직이게 하도록 하기를 바라셨다.

가장 최근의 설명은 종교사 분야에서의 연구 결과에 힘입은 것이다. 헨(J. Hehn)의 작업(1915)과 그 이후의 몇몇 학자들의 작업이 이 방면에서 선구를 이룬다. 슈미트(W. H. Schmidt)와 빌드베르거(H. Wildberger)는 왕이 하느님, 신의 모상으로 서술되어 있는 이집트와 메소포타미아의 일련의 문헌에 바탕해서 이러한 설명의 토대를 구축해 놓는 인상적인 작업을 공동 추진하였다. 두 학자는 이집트와 메소포타미아 지역에 나타나는 내용으로서, 하느님의 모상으로서의 왕에 대하여 진술하는 자료가 창세기 본문의 기초가 된다는 주장을 지지한다. 이들은 하느님의 모습, 모상은 왕의 대리 혹은 대리자의 의미에서 이해되어야 할 것이라고 결론지었는데(폰 라트는 그의 주석에서 벌써 이 점에 대해 주의를 기울인 바 있었다), "인간은 … 하느님의 대리자이며 … 하느님이 이 세계 내에서 자신을 드러내 주는 구실을 하는 오직 하나의 합당한 모상이 있는데, 그것이 바로 인간이다"(빌드베르거)라는 것이다. "왕이 지상에서의 하느님의 모상 또는 대리자라고 언급될 때, 이것은 왕이 나타나는 곳에 신적인 것, 신성이 나타난다는 것을 의미한다. 신약성서에 따르면, 하느님은 인간이 존재하는 곳에서 선포된다. 인간은 지상에서 하느님을 대리하고 증거한다"(슈미트). 그러나 이러한 설명에 대해서도 즉시 여러 반론이 제기되었다. 하느님의 모습과 그분의 닮은꼴에 대한 이와 같은 설명은 제관계 작품에 보이는 하느님과 인간의 관계에 대한 전반적인 이해와 부합하지를 않는다는 것이다. 제관계 전승에 따르면 하느님의 현시나 선포, 혹은 그분의 대리는 오직 거룩한 자리와 거룩한 사건의 맥락 속에서만 있을 수 있다. 하느님은 당신 자신을 그분의 영광(*Kabod*) 중에 현시하시지, 인간 속에서 당신을 현시하지 않으신다. 그리고 인간이 지상에서 하느님을 대리한다는 견해는 여러 가지 어려운 문제들을 안고 있다. 왕이 신격을 대리한다는 것은 대단히 의미있다. 그는 백성 앞에서 그리고 백성을 위하여 하느님을 대리하는 것이다. 그러나 누구 앞에서 그리고 누구를 위하여 인류가 하느님을 대리할 것인가?

빌드베르거와 슈미트는 "하느님의 모습"이라는 구절의 의미를 물어나가는 데 있어서 비교 방법론을 사용하였다. 그렇다면 우리는 하느님의 모습에 따라 인간을 창조한 창조자 하느님에 대가 되는 것들을 찾지 않으면 안된다. 마악(V. Maag)이 이 일을 해내었는데, 그는 하느님의 모습에 따른 인간 창조가 진술되어 있는 다른 텍스트들을 제시한 것이다. 그는 자신의 연구를 통하여 다음과 같은 결론에 이른다. "하느님의 모습이 창조물로 변환되는 것과 관련한 문제에 대해서 사람들이 어떻게 생각하든지 간에, 인간이 꼴을 갖추게 되었을 때 그 본이 되었던 것은 한 신적인 존재의 모습이다." 마악은 이 병행하는 내용들에서 출발하여 위에서 이미 현재 논의의 결과로서 제시되었던 것과 같이, 창세기 1, 26에 대한 동일한 설명에 이른다. 그는 이렇게 지적한다. "신들은 자신들에게 상응한 존재로서 그들 앞에 설 한 존재를 창조하였다. 신적인 존재는 … 그들을 닮은 존재로서 그들 앞에 설 한 존재를 … 창조해야 했던 것이다."

만일 이 설명이 성서 본문에 부합하는 것이라면, 그렇다면 이것은 훨씬 더 광범위하게 영향을 미칠 중요한 사항들을 내포하게 된다. 만일 정말로 인간이 하느님의 모상이라는 것이 인간의 어떤 특별한 자질을 뜻하는 것이 아니라 오로지 인간으로 존재하는 것을 뜻하는 것이라면, 이는 인간들간의 일체의 차이, 일체의 서로 다른 현상들을 제거하는 것이고, 종교에 있어서의 일체의 차이나, 믿는 사람과 믿지 않는 사람간의 일체의 차이도 제거해 준다. 이것은 힌두교도나 마호메트교도, 그리스도인이나 세속화된 사람, 무신론자 모두에게 동등하게 적용된다. 그 어떤 인간 존재도 예외일 수가 없다. 이것은 하느님에 의해 창조된 존재로서의 인류에게 향해져 있는 것이기 때문에, 한 주체가 믿는 사람이든 아니든 관계없이 각 사람에게, 그리고 모든 사람에게 적용된다. 이것은 모든 인간은 하느님의 창조물들이다라는 진술이 타당하듯이 바로 그렇게 타당하다. 실제로 하느님의 모습과 그분의 닮은꼴에 대하여 언급되는 내용은 바로 창조 진술에 대한 설명 외에 다른 것이 아니다. 그것은 한 창조물로 존재한다는 것이 인간에게 있어 무엇을 의미하는가를 말해 준다. 인간의 존엄은 그가 한 창조물이라는 사실에 근거해 있다. 즉, 하느님은 당신 자신의 모습에 따라 인간을 창조함으로써 인간에게 그의 인간적 존엄을 부여하였던 것이다. 인간의 존엄에 관한 세속적 관념에는 현 시대에 이르기까지 종교적인 어떤 것이 유지되어 있다. 그것은 통상적으로, 일상적인 회화에서는 전혀 사용되지 않고, 단지 어떤 장엄한 맥락 속에서만 사용된다. 그 관념에는 여전히 세속화된 세계에 있어서조차 그 종교적인 뿌리가 유지되어 있기 때문에 그렇지 않을 수가 없는 것이다. 누군가가 만일 참으로 존엄이 그렇게 인간에게, 전 인간 종족에게, 따라서 인간 종족에 속하는 각 개인에게 속하는 것이라고 생각한다면, 그렇다면 이것은 오로지 인간 종족의 영역 밖으로부터만 이야기될 수 있을 따름이다. 누군가가 이 존엄을 어떻게 더 치밀하게 규정하는가 하는 것은 전혀 별개의 문제이다. 우리가 인간의 존엄에 대하여 언급할 때, 하느님이 자신의 모습에 따라 인간을 창조하였다는 문장에 내포된 한 창조 선언에서 생동적인 어떤 것이 솟아나온다. 인간의 존엄에 대한 성서의 선언은 이것과 관련한 세속적 견해와는 다르다. 즉, 이것은 단지 인간의 가치뿐만 아니라 인간 실존의 의미에 대해서까지도 이야기하고 있는 것으로서, 인간 — 모든 인간 — 은 이 목적을 위하여 창조되었다. 다시 말해서 인간과 하느님간에는 무언가가 발생할 수 있는 것이고, 이로 하여 인간의 삶은 의미를 얻을 수 있는 것이다.

⟨4⟩

"보시니 매우 좋았다"

제관계 전승의 창조 이야기에 나타나는 모든 창조 작업들은 "하느님께서 보시니 좋았다"는 구절로 끝난다. 그리고 하느님은 마지막에 가서 당신이 만드신 것을 살피시는데, 그 모든 것을 "보시니 매우 좋았다." 이 문장은 하느님이 행한 개별 작업으로 구분할 수 있는 창조 작업의 각 단위들과 더불어 창조 이야기의 전체 구조에 속한다. 한 일꾼 혹은 장인 우두머리가 준비하는 어떤 한 작업은 맨 처음 출발부터 언제나 한 구체적인 맥락에 자리잡고 있다. 이를테면 이것은 어떤 목적이나 어떤 인물을 위해 좋은 것일 수 있도록 준비되는 것이다. 이러한 맥락에서 "좋다"는 것은 일종의 객관적인 판단, 즉 이미 확정되어 있는 객관적인 제 기준에 따라 내려지는 판단을 뜻하는 것이 아니다. 이는 오히려, 어떤 것이 그것이 준비되어 온 바의 목적에 적합하다, 혹은 그 목적을 위해 좋다는 것으로서, 그것이 자체의 목표에 부합한다는 그런 말인 것이다.

하지만 무엇을 위해 혹은 누구를 위해서 창조가 좋을 수 있다는 말인가? 그 누구도 인간을 위해서라고 말할 수는 없을 것이다. 인간은 바로 그 창조의 일부를 이루기 때문이다. 또한 하느님을 위해서라고 말할 수도 없을 것이다. 하느님은 모든 것 혹은 어떤 것을 위하여 그분의 작품을 창조하셨기 때문이다. 결국, 이것은 창조가 하느님이 그것을 계획할 때 목적으로 하고 있던 그것을 위해 좋다는 것을 의미할 수밖에 없다. 그것이 무엇인가에 대해서는 아직 진술되지 않았다. 일곱째 날의 휴식을 바로 창조의 목표로 하고 있는 이 창조 이야기는 창조가 자체로 완결된 역사 — 이 말에 부여될 수 있는 가장 넓은 의미에서의 역사 — 를 이끌어들이고 있다는 것을 보여준다. 그런데 이 역사는 우주 세계의 역사로서, 우주 세계를 위해 하느님이 마련하신 인간 종족의 역사 — 이것은 하느님의 창조로부터 성장해 나온 것인데 — 역시 그 우주 세계의 역사 한가운데서 어떤 한 목표점을 갖게 될 것이다. 우주 세계와 인류, 이 모두의 역사를 살펴보셨을 때 "모든 것이 매우 좋다."

좋은 것은 하느님의 눈에도 좋다. "하느님"은 자신이 해놓은 일을 보시고, "그분"이 직접 모든 것이 매우 좋다고 하신다. 이렇게 함으로써 제관계 전승은 창조의 이 좋은 상태가 인간이 하느님의 작업들 속에서 인지하는 어떤 것이 아니라는 사실을 이야기한다. 그것은 인간의 판단이 아닌 것이다. 인간의 눈에는 창조 작업들 가운데 좋지 않은 것도 많고, 파악할 수 없는 것이라든가, 거칠거나 무의미하게 나타나는 것도 많을 것임에 틀림없다. 하지만 바로 그렇기 때문에도 1장 전체에 걸쳐서 나타나고 있는 이 문장, 창조 작업들이 좋다고 하는 이 문장은 결코 사라지지 않을 것이다. 이 문장은 그토록 부정적인 이 세계에 관한 체험과 판단에도 불구하고, 또한 까닭, 이유와 의미에 대한 끝없는 물음들에도 불구하고 발설된 문장인 것이다.

오로지 이러한 배경에 거슬러서만이 비로소 이 문장은 의미를 가진다. 이것은 하느님이 창조자이시다라는 첫 문장의 연속일 따름이라고 말할 수 있다. 그리고 한 창조물인 인간은 창조 전체에 대해 판단을 내릴 수 있는 처지가 아니다. 그렇다면 어떻게 한 창조물이 창조 전체를 천착할 수 있었고, 그 과정을 예기할 수 있었으며 판단을 내릴 수 있었는가?

이제 창조 이야기는 이것이 어떤 맥락과 의미를 갖게 되는 그런 방식으로 전체에 관하여 언급한다. 창조는 그 기원에 있어서 창조자로부터 유래하는 어떤 맥락과 의미를 띠고 있는 것이고, 이에 창조자는 이것이 좋다고 말할 수가 있는 것이다.

이로부터 창조의 기쁨이 인간에게로 개방된다. 바로 이것이 하느님이 보기에 모든 것이 좋았다는 문장의 의미이다. 인간은 전체에 대해 판단을 내리지 않아도 되고, 자유로이 긍정적인 것에서 부정적인 것 사이를 넘나들 수 있을 뿐 아니라, 이데올로기적인 낙관과 비관 사이에서 어느 것이든 택할 수 있는 자유를 누린다. 또한 걱정이나 의심 없이 그분의 창조 사실을 기꺼워할 수도, 그리고 자신의 창조자에 대해 기쁜 마음을 드러낼 수도 있다. 창조 이야기의 끝에 나오는, 하느님이 보기에 모든 것이 매우 좋았다고 하는 이 문장은 창조로 받은 선물들에 대한 충만하고도 구속받지 않는 기쁨, 자연에 부여된 무한한 힘에 대한 탐닉, 행복과 더불은 즐거움, 그리고 창조에 속해 있는 충만과 풍요에 깊이 잠겨듦을 가능케 해준다. 그러나 이 문장은 또한 고통을 겪는 이와 더불어 함께 고통받을 수 있도록 해주고, 재앙에 맞설 수 있고, 우리에게서 터져나오는 왜인가라는 물음들 속에서도 참아 견딜 수 있는 능력을 부여해 주기도 한다. 이유는 간단하다. 창조된 모든 것의 선성(goodness)은 오로지 창조자 자신에 의해서만이 침해당할 수 있을 따름이기 때문이다.

창조된 것의 선성에 관한 문장이 창조 설화 전체에 걸쳐 나타난다면, 마치 이것이 창조 행업들 하나하나에 대한 어떤 한 응답인 듯 말이다. 이는 하느님의 행업에는 반드시 응답이 있어야 한다는 사실을 나타내 주는 한 표지이다. 이 문장에는 이미 찬양이 내밀하게 표현되어 있는데, 그 찬양은 창조 과정이 완결될 때, 그리고 창조된 것의 역사가 시작될 때, 창조 속에서 그리고 인간에게서 하느님이 행하신 일에 대한 응답으로 터져나올 것이다. 창조의 결과 나타난 모든 창조물들한테 찬양하라고 이르는 다음의 시편에 표현되어 있는 것이 바로 이 문장 속에 내밀하게, 그러면서도 암시적으로 자리잡고 있는 것이다.

> 하늘에서 야훼를 찬양하여라
> 그 높은 데서 찬양하여라 …
> 해와 달아 찬양하고
> 반짝이는 별들아 모두 찬양하여라 …
> 땅에서도 야훼를 찬양하여라.
> 큰 물고기도 깊은 바다도,
> 번개와 우박, 눈과 안개도 …
> 들짐승, 집짐승 …
> 총각 처녀 할 것 없이
> 늙은이 어린이 모두 함께 …
> (시편 148: 〈공동 번역 성서〉에서 인용)

이같은 사실은 무엇을 뜻하는가? 모든 창조물 하나하나가 그 나름으로 고유하게 띠는 것은 그 자체의 물적이고 특수한 실존에 달려 있는 것이 아니다. 그것은 오히려 그 창조물의 관계성, 그것이 하나의 전체에 속하는 귀속성, 창조자 앞에서의 그것의 위치에 달려 있는 것이다. 이것은 존재하는 모든 것의 경우 완전히 입증될 수는 없는 그런 방식으로 전체에 참여해 있다는 것을 의미할 수 있을 따름이다. 그럼에도 존재하는 모든 것은 예외없이 그것 자체의 기원, 우리의 기원이기도 한 어떤 한 기원으로부터 구체적으로 실재하는 것이기도 하다. 그리고 "찬양"이라는 말로 표현된 것이 바로 이 점이다. 자기의 창조자를 찬양할 능력을 갖추지 않은 것은 아무것도 없다. 창조물의 실존재를 창조자에게로 향하게 할 수 있는 이 능력은 모든 창조물과 인간이 함께 공유한다. 찬양은 하느님-에게로-향해진 한 실존에 있어서의 기쁨으로서, 실존에 있어서의 이와 같은 기쁨은 하나의 전체로서의 창조(창조의 결과 나타난 창조물들 전체)에 속해 있다.

우리가 "좋다"로 옮기고 있는 히브리어 "토브"는 우리가 "좋다"는 말로 나타내는 것보다 의미하는 영역이 훨씬 더 넓다. 이 낱말은 "아름답다"는 말을 포괄할 수도 있다.

따라서 우리는 그 마지막 문장에서 다음과 같은 부가적인 의미를 들을 수 있을 것이다. "… 보시니 매우 아름다웠다." 그렇지만 우리는 여기서 한 가지 분명히 짚고 넘어가야 할 것이 있다. 구약성서의 경우 오늘의 우리들 사이에서 통상 받아들여지고 있는 것과는 근본적으로 다른 아름다움에 대한 이해를 갖고 있다는 사실이다. 아름다움에 대한 서구적인 이해는 아주 강하게 그리스식 이해에 의해 채색되어 있는데, 여기서 아름답다는 것은 주로 한 존재 사물에 대한 표현이다. 그러나 구약성서에서 아름답다고 일컬어지는 것은 주로 사건이다. 그러므로 히브리적인 이해의 맥락에서 아름다움에 대한 합당한 접근은 일정한 장소에 있는 어떤 것, 어떤 모습이라든가 아니면 동상 같은 것을 바라보는 것이 아니라 대면하는 것으로 드러난다. 말하자면 구약성서의 맥락에서 아름다움이란 것은 대면에서 얻어지는 체험인 것이다. 이와 같은 사실은 인간과 관련해서는 물론 창조된 것과 관련해서도 그대로 들어맞는다(2, 22에 대한 언급을 참조하라). 우리는 회화 예술이 고대 이스라엘에서 아무런 역할도 하지 않았다는 사실("너희는 어떤 형상도 만들지 말아야 한다")을 이해할 필요가 있다. 이들에게서는 오히려 모든 예술이 소리 예술, 언어 예술 형태로 구현되었던 것이다.

그뿐이 아니다. 이스라엘에서는 아름다운 것과의 만남에 대한 특이하고도 전형적인 반응 역시 관상이나 최소한 판단을 내리는 것으로 나타나지를 않았다는 사실 역시 분명히 인식되지 않으면 안된다. 이때도 그것은 그 자체를 말로 표현하는 가운데 터져나오는 기쁨으로 드러내어지고 있는 것으로서, 바로 이것이 찬양이란 말이 뜻하는 핵심이다. 말하자면 창조의 아름다움이 다음과 같은 찬양을 통해서 파악되고 있는 것이다.

> 내 하느님이신 주시여, 당신은 아주 위대하시니다.
> 당신은 위엄과 영화를 입으시고
> 겉옷처럼 빛을 두르셨나이다. …
> 당신께서 계곡마다 샘물을 터뜨리시어
> 산과 산 사이로 흐르게 하시니(〈공동 번역〉 10절에서 인용)
> 들의 모든 짐승에게 마실 것을 주오며
> 들 노새들이 제 갈증을 푸나이다.
> 그들 곁에 하늘의 새들이 사오며
> 나뭇가지들 사이에서 노래하나이다(소리내나이다).
> (시편 104: 〈성영〉, 185-6면에서 인용)

구약성서에서 창조된 것을 앞에 두고 분명한 찬양과 기쁨으로 분출하는 이와 같은 실존적인 기쁨은 이 세계가 창조자의 선의지와 선업에 그 기원을 두고 있다는 것, 그리고 인간의 실존 역시 그 일체의 측면에 있어서 이와 똑같은 것에 바탕해 있다는 것에 대한 앎에서 비롯하는 지극히 자연적인 귀결이다. 하느님이 창조한 모든 것이 좋았기 때문에, 우주 세계와 인류의 역사는, 이것이 하느님의 눈에 좋은 어떤 것으로 비친 한, 결코 훼손시킬 수 없는 의미를 부여받았기 때문이다.

⟨5⟩

하느님의 휴식

창조 행업을 끝맺는 구절들(2, 1-3)의 배후에는 창조 행업 이후에 창조자 하느님이 취하신 휴식, 휴지(otiositas)에 관한 전승으로서, 맨 처음의 창조 설화들에 널리 퍼져 있던 모티브가 자리잡고 있다. "이것은 어떤 의미에서 하느님의 창조 행업의 완성이다"(R. Pettazzoni). 창조자는 더 이상, 자신이 완성한 행업에 뛰어들지 않을 수도 있다. 그는 자신이 세워 놓은 질서를 더 이상 뒤흔들어 놓지는 않을 것이다. 제관기 저자는 이 오래된 모티브를 7일 동안의 창조 사상과 연결지음으로써 이것을 새롭게 정립시켰다. 일곱째 날에 각별한 역점이 두어진 것은 이미 이 모티브를 구성하는 요소로 자리잡고 있었다. 창조 행업들은 종합적인 시간의 틀 속에 맞추어져 있는데, 창조 행업이 펼쳐지는 여러 날들, 곧 그 시간의 틀에 속한 각 부분들은 휴식의 날을 향해 가는 과정으로 드러난다. 일곱째 날을 성화(聖化)하는 것은 창조와 더불어 확립된 시간의 일부를 형성한다. 이를테면, 창조 행업이 전개되는 여러 날들은 그 날들과 전혀 다른 어느 한 날에 자체의 목표를 두고 있는 것이다. 여기에는 후대에 와서 이스라엘에서 제정된 것으로서의 삽바트(안식일)에 대한 언급 그 훨씬 이상의 것이 배어 있다. 즉, 여기에는 인류를 위해 형성된 한 질서가 자리잡고 있는 것으로서, 시간은 이 질서에 따라 일상의 하루하루와 특수한 날로 나뉘는 것이고, 일상의 하루하루는 그 특수한 날에서 자체의 목표에 도달하는 것이다. 어둠에서 빛을 갈라놓는 것으로 시작하는 창조 행업은 전혀 다른 또 하나의 가름으로 끝을 맺는다. 창조되어 온 "모든 것"의 바로 저 실존이 밤과 낮이라고 하는 양극성에 의해 규정받는다. 그리고 다시 하느님은 당신의 모습에 따라 창조된 창조물에게 주어진 선물로서의 어떤 한 흐름(movement)을 평상적인 보통 날들의 계기(繼起)) 속에 구축해 주셨다. 평상적인 보통의 날들은 특수한 한 날을 향해 흘러든다. 그러므로 일곱째 날의 성화를 통하여 창조를 끝맺음으로써 움직이기 시작한 인간의 역사과정은 이제는 더 이상 단조로운 삶의 리듬 속에서 펼쳐지는 단조로운 계기(a monotonous succession)가 아니다. 이것은 주간의 날들이 그렇듯이, 자체의 목표를 향해 달음질치는 것이다. 매일 맞닥뜨리는 일상사들의 흐름과 관련하여 거룩한 날이 갖는 특유의 성격은 이것이 하느님이 당신 모습대로 창조한 창조물의 목표를 가리켜 주고 있다는 데에 있다. 인간에게 부과된 일은 그 자체가 인간의 목표가 아니다. 인간의 목표는 일곱째 날의 휴식에 암시되어 있는 그 영원한 휴식이다.

〈다〉

창세기 2—3장의
인간 창조와
인간의 한계

2

4b 하느님 야훼께서 땅과 하늘을 지으시던 때[1]
5   땅에는 아직 들의 아무 덤불도 없었고
    아직 아무 들풀도 자라나지 않았으니,
    이는 하느님 야훼께서 땅 위에 비를 내리지 않으셨고,
    또 땅을 부칠 사람이 없었기 때문이었다.
6   그리고 개울이 땅에서 솟아나서
    물이 흙의 전 표면을 적시고는 하였다.[2]
7   그때 하느님 야훼께서 땅에서의 먼지[3]로 사람을 빚어내어,
    그(의) 콧구멍에 생명의 숨[4]을 불어넣으셨다.[5]
    그리고[6] 사람이 (한) 생명체(a living being)가 되었다.

---

1. "때"는 베스터만의 번역에 따른 것이다. 창세기에는 "지으시던 '날'"로 옮겨져 있다.
2. 5절의 "또 땅을 부칠 …"부터 6절의 번역은 RSV 텍스트에 따른 사역으로서, 고 선종완 신부의 〈창세기〉에는 6절이 5절과 연결지어져서 "사람"의 행위 내싱으로 새겨져 있다. 이 부분을 그대로 옮기면 다음과 같다. "또 땅을 부치며 땅에서 개울물을 길어 올려 땅에 물댈 사람이 없었기 때문이니라".
3. 〈창세기〉에는 "진흙". 　　4. 〈창세기〉에는 "살리는 넋".
5. 〈창세기〉에는 "불어넣으시니". 　6. 〈창세기〉에는 "이에".

103

8 그리고 하느님 야훼께서 동녘 에덴에 한 동산을 나무 심어 꾸미시고,

그 빚어내신 사람을 거기에 두셨다.

9 그리고[7] 하느님 야훼께서 흙에서

보기에 즐겁고[8] 먹기에 좋은[9] 온갖 나무와

그 동산 한가운데에는 생명 나무와

선과 악을 아는 지식의 나무[10]를 자라나게 하셨다.[11]

10 그 동산을 적시기 위하여 에덴에서 한 강이 흘러나와,

거기서 갈라져 으뜸 줄기 넷을 이루었다.

11 그 첫 줄기의 이름은 비손이며, 이 줄기는 금이 나는 하윌라 땅을 두루 돌아 지난다.

12 　　그 지방의 금은 좋으며[12]

거기에서는 브돌라와 마노 보석이 난다.

13 그 둘째 강의 이름은 기혼이니,

이는 구스 지방을 두루 지나간다.[13]

14 그리고 그 셋째 강의 이름은 티그리스이니, 이는 앗시리아 동녘을 지나간다.[14]

그리고 그 넷째 강은 유프라테스이다.

---

7. 〈창세기〉에는 생략되어 있다.　　8. 〈창세기〉에는 "탐스럽고".

9. 〈창세기〉에는 "맛 좋은".　　10. 〈창세기〉에는 "선악 아는 나무".

11. 〈창세기〉에는 이 9절이 다음과 같이 옮겨져 있다. "천주 야훼께서 보기에 탐스럽고 먹기에 맛 좋은 온갖 나무를 흙에서 자라나게 하시니, 그 동산 한가운데에는 생명 나무와 선악 아는 나무가 있더라".

12. 〈창세기〉에는 "훌륭하며".

13. 〈창세기〉에는 "지나가고"로 옮겨져서 여기에 이미 다음 절 첫머리의 "그리고"가 내포되어 있다.

14. 〈창세기〉에는 "지나가며"로 옮겨져서 이미 "그리고"가 내포되어 있다.

15 하느님 야훼께서 사람을 이끌어 에덴의 동산에 자리잡게 하시고,
> 그(동산)를 부치며 그를 지키게 하셨다.

16 그리고 하느님 야훼께서 이 사람에게 명하여 말씀하기를
> "이 동산의 어느 나무에서든지 네가 마음대로 따먹을 수 있으되,

17 　　저 선(과) 악(을) 아는 나무, 그 나무에서는 도무지 따먹지 말 것이니,
> 네가 그 나무에서 따먹는 날에는 꼭 죽어야 되기 때문이다" 하셨다.

18 그 다음에 하느님 야훼께서 말씀하기를
> "사람이 저 홀로 있음이 좋지 않으니,
> 그와 대등한 돕는 이를 그에게 만들어 주겠노라" 하시고,

19 하느님 야훼께서 흙으로 모든 들짐승
> 그리고[15] 하늘의 모든 새를 만들어,
> 그리고[16] 그것들을 사람 앞에 나아가게 하시며, 그를 무엇이라 일컬을지 보시고자 하셨다.[17]
> 그리고 사람이 (모든) 산 것들을 일컫는 그 모든 말이 바로 그(것)의 이름이 되었다.[18]

---

15. 〈창세기〉에는 "과".
16. 〈창세기〉에는 앞의 구절과 연계되어 옮겨져서 "그리고"가 생략되어 있다.
17. 〈창세기〉에는 "하시니".
18. 〈창세기〉에는 이 구절이 앞 진술의 원인을 설명하는 것으로 해석되어 있다. 이로 해서 이 구절 바로 앞의 문장이 "… 하시니"로 옮겨지면서 "그리고"가 생략되어 있고, 그 이하의 구절은 "이는 사람이 … 그의 이름이 될 까닭이었느니라"로 새겨져 있다.

인간 창조와 인간의 한계

20 이에 사람이 온갖 가축과 하늘의 새와
모든 들짐승을 이름지어 불렀으나,
사람이 자기를 위하여는 대등한 돕는 이를 만나지 못하였다.
21 그때 하느님 야훼께서 사람에게 깊은 잠이 들게 하셨는데,[19] 그리고 그가 잠들어 있는 동안[20] 그의 갈빗대 하나를 끄집어 내고, 그 자리에 살을 채우셨다.
22 그리고 하느님 야훼께서 사람에게서 빼내신 그 갈빗대로 한 여자[21]를 만들어[22] 사람 앞에 나아가게 하시니,
23 그때에는 사람이 말하였다.
"이제 바로 이야말로 내 뼈 중의 뼈로다.
또 내 살의[23] 살이로다.
이야말로 잇샤(여자)라 불리어야 할 것이,
이게 바로 이슈(남자)에서 빼내어진 까닭이로다."
24 그러므로 남자[24]가 자기 아버지와 자기 어머니를 떠나고, 제 아내에게 결합하여
(그리고 그들이) 한 몸이 된다.
25 그리고[25] 그 사람과 그의 아내 이 둘이 다 알몸이었고
(그리고 그들은) 서로 부끄러워하지 않았다.

---

19. 〈창세기〉에는 "하시니".
20. 〈창세기〉: "그가 잠드니라. 이에".
21. 〈창세기〉에는 "여인".
22. 〈창세기〉에는 "꾸며내어".
23. 〈창세기〉에는 "살에서 빼어내 온".
24. 〈창세기〉에는 "사내".
25. "그리고"는 베스터만 번역에 따른 것이다. 고 선종완 신부의 〈창세기〉에는 "그리고"가 생략되어 있다.

3

1 그런데 그 뱀이란 것은 하느님 야훼께서 만드신 온갖 들짐승 보다도 무척 꾀있는 것이었으니,
그(뱀)가 이 여자[26]에게 말을 걸어, "하느님께서 너희더러 '너희는 이 동산의 어느 나무에서든지 따먹지 말라'고 이르셨다 하니, 정말인가?" 하였다.[27]

2 그리고 이 여자[28]는 그 뱀에게 대답하기를
"이 동산의 나무 열매들을 우리가 먹을 수 있기는 하나,

3 　 이 동산 한가운데에 있는 나무 열매에 대하여서는 '너희가 죽지 않으려거든 너희가 거기에서는 도무지 따먹지 말라,
거기에 손을 대지도 말라'고 하느님께서 말씀하셨다" 하였다.

4 그러나[29] 그 뱀이 이 여자[30]에게 말하기를,
"너희가 아예 죽을 리는 없고,

5 도리어 너희가 그것을 먹는 날에는 너희는 눈이 열리고,
(그리고) 너희가 하느님과 같이 되어, 선과 악을 알게 될 줄을 하느님께서 아신다" 하였다.

6 이에 이 여자[31]가 바라보니, 그 나무는 먹기에 좋겠고
(그리고) 두 눈에 썩 들며,

---

26. 〈창세기〉에는 "여인".
27. 〈창세기〉에는 "하니"로 옮겨져서 곧바로 뒤따라 나오는 "그리고"가 이미 내포되어 있다.
28. 〈창세기〉에는 "여인".　　　29. 〈창세기〉에는 "또".
30. 〈창세기〉에는 "여인".　　　31. 〈창세기〉에는 "여인".

그리고[32] 슬기로워지기 위해서도 나무가 탐스러우므로
그 열매를 따서 먹고,
그리고[33] 저와 함께 있는 그녀의 남편[34]에게도 주니,
그도 먹었다.

7 그때 저들 둘의 눈이 열려 자기들이 알몸임을 깨닫게 되었고,
(그리고 그들은) 무화과 나뭇잎을 엮어서 자기들의
앞가리개[35]를 만들어 떴다.

8 이윽고 낮바람 솔솔 부는 때,
(그들은) 하느님 야훼의 소리가 동산에 휘돌고 있음
을 듣고,
그 사람과 그의 아내는 하느님 야훼의 앞을 피하여
동산의 나무 사이에 숨었다.

9 (그러나) 하느님 야훼께서 사람을 향하여 그에게 소리쳐 말
씀하기를
"너 어디 있느냐?" 하셨다.[36]

10 그리고 그가 말하기를,[37] "동산에서 당신의 소리를 듣고서,
내가 알몸이기 때문에 두려워서 숨었나이다" 하였다.

11 그분이 말씀하시기를 "네가 알몸임을 누가 너에게 말해[38] 주
더냐?
내가 너에게 따먹지 말라고 명한 그 나무에서 네가
따먹었구나?"[39] 하시니,

---

32. 〈창세기〉에는 "또". 33. 〈창세기〉에는 "또".
34. 〈창세기〉에는 "제 사내". 35. 〈창세기〉에는 "두렁이".
36. 〈창세기〉에는 "하시니"로 옮겨져서 이미 "그리고"가 내포되어 있다.
37. 〈창세기〉에는 "아뢰되". 38. 〈창세기〉에는 "알려".
39. 〈창세기〉에는 "따먹은 것이 분명하도다".

12 그 사람이 말하기를[40] "당신이 나와 함께 살라고 주신 이 여자[41]
    (그녀)가 그 나무에서 따서 나에게 주었고[42], 그리고 내가 먹었나이다" 하였다.
13 (그러자) 하느님 야훼께서 그 여자에게 말씀하기를
    "네가 한 짓 이게 무슨 짓이냐?" 하시니,
  그 여자[43]가 이르기를[44] "이 뱀이 나를 속여서, 내가 먹었나이다" 하였다.
14 그때 하느님 야훼께서 이 뱀에게 말씀하기를
    "네가 이런 짓을 하였은즉
        온갖 가축과
        온갖 들짐승들 중에서 너는 저주를 받아라.
    너는 배로 기어다니며
        네가 사는 동안 줄곧 먼지를 먹을 것이니라.
15 그리고 너와 이 여자 사이에
    너의 족속과 이 여자의 후손 사이에
    내가 원수를 맺어 주노니,
    그는 너의 머리를 짓밟을 것이요, 너는 그의 발뒤꿈치를 물려 할 것이다" 하셨다.
16 (그분은) 그 여자에게 말씀하시기를
  "(나는) 아이를 낳는 네 고통을 아주 크게 하리니,[45]
    너는 괴로이 자식들을 낳으리라.

---

40. 〈창세기〉에는 "아뢰되".   41. 〈창세기〉에는 "여인".
42. 〈창세기〉에는 "주었으므로".   43. 〈창세기〉에는 "여인".
44. 〈창세기〉: "아뢰되".
45. 〈창세기〉에는 "너에게 고된 일과 임신을 썩 많게 하겠노니".

또 너는 너의 남편[46]을 못내 갈망[47]하겠으나 그는 너를
다스릴[48] 것이다."
17 그리고[49] (그분은) 그 사람에게 말씀하기를
"네가 네 아내의 소리에 귀를 기울였고[50]
그리고 내가 너에게
'(너는 그것을) 따먹지 말라'
고 일러 명한 나무에서 네가 따먹었으니,
네 탓으로 땅은 저주를 받아,
네 한평생 줄곧 너는 큰 수고를 하여 거기서 먹을 것
을 얻으리라.
18 땅이 네게는 가시덤불과 엉겅퀴를 자라게 하리니,
너는 들풀을 먹게 되리라.
19 너는 네 이마에 땀을 흘려야 빵을 먹을 수 있을 것이요,
이렇게 하기를 네가 흙으로 돌아갈 때까지 하리니,
이는 네가 흙으로써 이루어진 까닭이다.
너는 먼지이고[51] (그리고 너는) 먼지로 돌아갈 것이
다" 하셨다.
20 이에 그 사람이 제 아내의 이름을 하와라 부르니,
이는 이 여자[52]가 모든 산 이의 어머니가 된 까닭이
다.

---

46. 〈창세기〉에는 "사내". 47. 〈창세기〉에는 "사모".
48. 〈창세기〉에는 "학대할".
49. "그리고"는 베스터만의 번역에 따른 것인데, 〈창세기〉에는 "또"로 표현되
어 있다.
50. 〈창세기〉에는 "소리를 따라".
51. 〈창세기〉에는 "너는 먼지이고"에 뒤따라 나오는 문장에서 진술되는 내용의
원인을 설명하는 것으로 새겨져 있다. 이것을 그대로 옮기면 다음과 같다:

21 그리고[53] 하느님 야훼께서 그 사람과 그의 아내를 위하여 가
죽으로 속옷을 만들어 그들을 입혀 주시고,
22 하느님 야훼께서 말씀하기를
"보라 이 사람이 우리 중의 하나처럼 되어,
선과 악을 알게 되었다.
그리고[54] 이제 저가 제 손을 뻗치어 생명 나무에서도
따먹고,
길이 사는 일이 없게 하겠다" 하시며,
23   주 하느님께서 에덴의 동산에서 저를 내보내어,
제가 본시 생겨나온 그 땅을 부치게 하시었다.
24 (그분은) 이렇게 사람을 쫓아내시고,
(그리고) 에덴의 동산 동녘에 케루빔과
(그리고) 번쩍이는 불꽃 칼날을 배치하여
생명 나무로 가는 길을 지키게 하셨다.

"너는 실상 먼지이므로".
52. 〈창세기〉에는 "여인".
53. "그리고"는 베스터만의 번역에 따른 것이다. 〈창세기〉에는 "그때"로 옮겨
져 있다.
54. 〈창세기〉에는 "그런즉".

인간 창조와 인간의 한계   111

〈1〉

세계 창조와 인간 창조

세계와 인간 창조에 관한 이야기들은 인상적인 전사(前史)를 갖고 있다. 이 이야기들은 근동이라든가 동아시아, 혹은 중앙아메리카 등지의 고도한 문화가 아니라 모든 대륙의 원시 문화에 그 기원을 둔다. 이것은 구전 전승의 증언이 그러한 것만큼이나 오래 전으로 거슬러올라가는 전사기에 가 닿아 있다. 세계 창조와 인간 창조에 관한 이야기들이 원래 아무런 연관이 없다는 사실은 최근에 들어서야 비로소 알게 된 일이었다. 이 이야기들은 과거에 서로 독립된 전승 단계를 거쳤던 것이다. 그리고 인간 창조 설화가 세계 창조에 관한 그것보다 더 오래된 것이라는 사실도 드러났다. 우리가 현재 도달해 있는 지식 수준에서 볼 때 모든 지역에 있어서의 인간 창조에 관한 이야기들은 곧바로 원시 문화들에까지 가 닿아 있는 반면에, 세계 창조에 관한 이야기들은 고도로 발달한 문화들 속에서 일차적으로 형성되었다고 말할 수 있다. 이와 같은 현상을 증거해 줄 주목할 만한 입증 자료는 이집트의 신화와 적도 이남의 아프리카 지역에서 형성된 그것과의 비교를 통해서 얻을 수 있으리라고 본다. 즉, 이집트에서의 경우, 우주 발생, 다시 말해서 세계 창조가 창조 이야기들 가운데 주도적인 주제로 나타난다. 그런데 이에 비해 적도 이남의 다른 아프리카 지역에서는 인간 창조에 관한 이야기들이 고도로 발달, 개진되어 있다. 뿐만 아니라, 이곳에는 세계 창조 이야기들은 거의 없는데다가, 설령 있다고 하더라도 단지 덧붙여진 이야기식으로 나타날 따름인 것이다.

이렇게 볼 때 창조 또는 기원에 관한 사상은 결국 인간 창조의 맥락에서 발생하였다. 인간이 세계를 하나의 전체로 보고, 세계로부터 거리를 두고 떨어져 서서 그것이 어떻게 존재하기에 이르렀는지를 질문할 수 있기 이전에, 인간은 이미 자기 자신의 실존에 대한 총체적인 이해에 도달하였던 것이다. 그리하여 인간은 자신이 어떻게 존재하기에 이르렀는지를 질문하고 인간의 기원에 대한 이야기들을 말로 전할 수 있었다. 이와 같은 물음 작업은 결코 그 어떤 이론적인 관심에서 비롯한 것이 아니었다. 그것은 위협받는 존재로서 이해된 구체적인 인간 실존 상태에서 비롯했던 것이다. 이에 우리는 실존에 대한 물음이 실존하는 자에 대한 물음보다 더 오래된 것이라고 결론을 내리게 된다. 인간 창조에 관한 이야기들이 진술하는 인간 실존에 관한 이와 같은 질문에 있어서의 경우 신학과 철학, 지식과 신앙은 서로 구분지어지지 않는다. 창조 설화들은 이러한 구분들이 행해지기 이전에 나타났다. 이 설화들은 당시의 인간 실존과 관련하여 당시에는 의미있는 것이었으나 오늘의 우리에게는 더 이상 파악 불가능한 어떤 구체적인 이해를 표현해 주고 있다. 그것들은 인간 실존의 바탕, 바로 그 근거를 다루고 있다. 이런 배경 속에서 우리는 인간 창조에 관한 이야기들이 현재의 우리가 파악하기에 어려움을 겪고 있는 어떤 일정한 양식에 따라 전수되었다는 사실을 깨닫기에 이르게 된다. 창조 이야기들의 여러 주제는 수천 수만년을 거쳐 지속적으로 보존되어 내려왔다. 그리고 어떤 특정한 창조 주제들 — 이를테면 흙 또는 진흙을 빚어서 여기에 생명의 숨을 불어넣음으로써 인간을 창조하는 것과 같은 예 — 이 전세계에 걸쳐 분포되어 있는 현상은 지금까지도 전혀 별다른 설명을 할 길이 없다. 아무튼 우리가 늘상 대하는 오늘 우리의 언어를 통해서 성서에 나타나는 인간 창조 이야기들을 읽을 때, 우리는 일차적으로 그리스도가 오시기 이전 10세기 때의 이스라엘 백성에 속한 한 저자 또는 신학자가 자기가 살던 동시대인들에게 한 최종 진술 형태를 읽게 된다. 이와 동시에 우리는 이 걸작을 뛰어넘어서 그 훨씬 이전의 과거에 가 닿아 있는 어떤 것을 읽게 되기도 한다.

⟨2⟩

설 화

전사 단계는 원래 독립된 두 이야기 형태를 통하여 식별이 가능하다. 이 두 이야기는 비록 아주 유연하게 짜맞추어 놓은 결과, 완전하게 자체로 완결된 하나의 설화인 것 같아 보이지만, 지금은 쉽게 이 둘을 갈라놓을 수가 있게 되었다. 한 이야기는 하느님이 인간을 살찌울 것들을 풍부하게 베풀어서 그를 동산에 있게 하고, 죽음의 벌을 걸어 동산에 있는 나무들 중에서 한 나무의 열매를 먹지 못하도록 그에게 금령을 내린 경위를 전해 준다. 하지만 인간은 뱀의 꾐에 빠져 이 나무의 열매를 따먹었다. 하느님은 당신의 계명이 위반된 것을 알고 인간을 동산 밖으로 몰아냄으로써 그에게 벌을 내리셨다. 다른 한 설화는 인간 창조를 주제로 하는 많은 이야기들 중의 하나이다. 이것은 하느님이 맨 처음에 흙으로 인간을 지은 뒤에 그에게 생명의 숨을 불어넣어 주셨으나, 당신의 창조물이 아직 완성된 것은 아니라는 것을 아셨다고 이야기한다. 이에 하느님은 동물들을 창조하여 결핍되어 있었던 것을 보충하고자 시도하셨다. 그러나 이것들은 그 부족한 것을 충족시켜 주기에 충분하지가 않았다. 그래서 하느님은 다시 남자의 갈비뼈에서 여자를 창조하셨고, 남자는 기쁨에 차서 여자를 반겨맞았다. 이렇게 남자와 여자가 함께 있게 되면서 비로소 인류 창조는 완성, 성취된다.

야휘스트는 이 두 설화를 하나로 짜맞춤으로써 단숨에 인간 창조와 인간이 제일 처음으로 명령을 어긴 것을 이어놓았다. 그는 처음부터, 그 누구도 이 둘 중의 다른 한 이야기를 고려하지 않으면서 이중의 어떤 한 이야기를 언급할 수 없다고 하는 사실을 분명히하였다. 하느님의 관점에서 볼 때 인간은 부족함이 없이 "충분하다." 인간은 좋은 존재로서 창조되었기 때문이다. 하지만 이와 같은 인간의 본성과 뗄 수 없는 현상으로서, 인간이 결함을 띤 존재라는 사실 역시 바로 인간의 본질이다. 인간은 자신의 창조자에 거슬러 들고 일어날 수 있는, 그리하여 그에게 불복종할 수 있는 그런 존재이다. 인간은 처음 시작 때부터 어떤 한 갈등 상태 속에서 나타나고 있다. 하느님이 인간에게 그의 존재를 부여해 주었으나, 인간은 하느님에 맞서 스스로를 내세울 수 있는 존재인 것이다. 인간은 오로지 이러한 갈등의 한복판에 처해 있는 존재일 따름인 것이다.

야휘스트는 조심스럽게 잘 짜여진 자기의 설화 속에 전혀 다른 또 하나의 모티브를 끌어들였다. 그는 공동체에 속한 존재로서의 인간에게 초점이 맞추어진 한 창조 이야기를 택해서 자신의 설화 체계에 삽입하였다. 이렇게 해서 이 설화는 외로운 개별인으로서의 인간은 전혀 하느님이 의도한 그 창조물이 아닌 것으로 전개된다. 인간은 나-너 관계 속에서 비로소 참으로 인간답다. 야휘스트는 이러한 방식을 통해서 하느님께 대한 불복종으로 나타난 인간의 범죄는 한 개인의 행위가 아니라 공동체에 속한 인간의 행위, 즉 남자와 여자가 함께 범한 행위임을 드러내 준다. 이렇게 하여 그는 공동체에 있어서 인간 불복종의 의미와 공동체에 미친 그 영향을 설명할 수 있게 된다. 야휘스트는 이처럼 인간 창조 이야기와 인간의 흠에 관한 이야기를 하나로 연결지어 놓음으로써 하느님에게서 비롯하는 인간의 기원, 그 자신의 개인적 실존과 자신의 동료 인간과 더불어 공동체를 이루는 인간의 삶을 동시에 포괄하는 한 인간 철학에 대한 개관을 전개할 기회를 얻는다. 이러한 철학의 신학적·심리학적·사회학적 측면들을 한 문장으로 요약해서 말한다면 다음과 같이 표현할 수 있을 것이다. "사람은 아무도 자기 동료와 떨어져 고립된 채 살 수 없다." 인간은 본질적으로 한 창조물일 뿐만 아니라 동시에 인간은 공동체의 한 구성원으로 존재한다는 점을 분명히하는 것은 중요한 일이다. 이것은 이 대목을 해석하는 대다수 사람들의 입장에 상충하는 견해이다. 하지만 인간에 관계된 이 문제는 일차적으로는 전적으로 혼자인 존재로서 차후에 하느님과의 관계로, 그리고 다른 개인들과 더불어 공동체 관계로 들어서는 그런 한 개인의 문제가 아닌 것이다. 이와 같은 인간 이해에 입각할 때, 인간 자신과 인간의 사회적 관계들에 대한 인간의 이해를 다루는 학문들과 지속적으로 대화를 펼쳐 나감으로써만 비로소 신학 — 말하자면 하느님과 인간간의 관계들에 대한 물음 — 이 가능해질 수 있다. 우리는 적어도 다음과 같이 말할 수 있을 것이다. 즉, 성서에 나타나는 창조에 관한 성찰에는 인간과 하느님과의 관계에 대한, 그리고 공동체와 인간 실존의 그 의미에 대한 기본적인 물음들이 한데 뒤얽혀 있어서 이것들을 구분지을 수가 없을 정도라고 말이다. 우리는 이제 야휘스트가 이 두 설화를 어떻게 하나로 짜맞추었는지, 또한 창조 설화와 인간의 위반에 관한 설화의 구성 체계를 어떻게 설명할 수 있을 것인지를 질문해 볼 수 있을 것이다.

이 설화는 하느님이 인간을 창조할 때 아무것도 없었다고 언급하는 2,4b에서 시작한다. 설령 그때 무언가가 있었다고 하더라도, 그것은 오늘의 우리가 겪는 대로 있는 것은 아니었다. 아무튼 도입구에 해당하는 문장인 "… 지으시던 때(《창세기》에는 '날'), … 아직 아무것도 없었다"는 표현은 창조 설화들에 있어

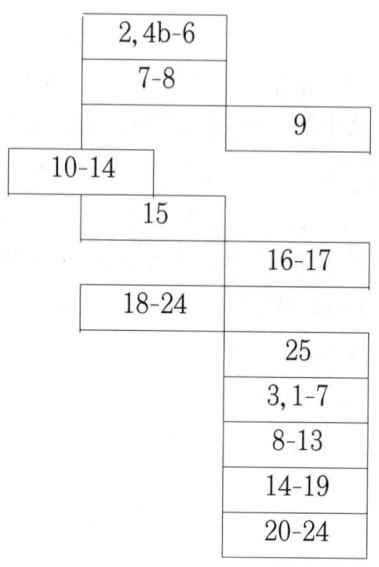

서 통상 볼 수 있는 문체적인 기법이다. 이것은 이집트나 메소포타미아, 그밖의 다른 여러 지역에서 나타나는데, 베쏘브루너 기도(이것은 독일 문학에서 가장 오래된 시 중의 하나로서, 그 첫 연에 창조 이야기가 담겨 있다)의 도입 부분에서 역시 그러하다. 전세계에 걸쳐 상당히 많은 지역에서 전해져 내려오는 창조 설화에서 그 도입부 역할을 하는 이 표현법은 창조에 관한 모든 성찰에 있어 공통적인 어떤 것을 드러내 준다. 우리는 여기서 다음과 같은 사실을 쉽게 파악해 낼 수가 있다. 즉, 모든 설화는 거의 예외없이 기존하는 어떤 자료, 다시 말해서 이전부터 이미 전해져 왔던 어떤 것을 되언급하는 식으로 형성되었다는 사실이다. 그런데 창조 이야기 이전에 나타난 것이라고는 아무것도 없다. 결국 창조는 "… 지으시던 때, … 아직 아무것도 없었다. … 그때 …"라는 식으로 일종의 "부정적인 진술" 기법을 통해서만 비로소 설화의 주제가 될 수 있는 것이다. 이것과 연관된 문장은 7절에 가서야 이렇게 나타난다. "그때 하느님 야훼께서 … 사람을 빚어내어 …." 이 구절에 뒤따라 나오는 8절은 하느님이 에덴에 동산을 꾸미고, 여기에 사람을 데려다 놓았다고 전하는데, 이 절도 역시 도입적인 성격을 띠는 행위를 보여주는 부분이다. 한편 15b절에 나타나는 "그(동산)를 부치며 그(동산)를 지키게" 하셨다는 내용은 후대에 덧붙여진 것이다. 야휘스트에 있어서 이 구절은 하느님이 맨 처음에 인간을 동산에 데려다 놓았다고 이야기한다는 점에서 서로 일치하는 면을 갖는 이 두 설화를 한데 이어주는 연결 고리, 연결점 구실을 한다. 하지만 첫번째 설화에서의 경우 동산은 인간에게 먹을 양식을 대주기 위해서 마련되어 있는 것인 데 반해서, 다른 두번째 설화에서의 경우 그것은 한 특별한 동산으로서, 9절에는 이것이 얼마나 아름다운지가 묘사되어 있고, 그 동산의 나무들은 인간에 대해 어떤 특별한 관계에 놓여 있기도 하다(16-17절). 이것은 낙원에 있는 네 개의 강과 그 주변에 속한 땅에 대한 고대의 단편적인 자료가 언급되는 절들(10-14절) 속에 삽입됨으로써 한층 더 강조된다. 이 동산에 있는 한 나무의 열매를 따먹지 말라는 금령은 두번째 설화에 속한다(16-17절). 이 두번째 설화는(25절 이하에서 계속 이어지는데) 곧바로 뱀에 의해 여자가 꾐에 빠지고(3, 1-7), 심문이 행해지고(8-13절) 벌이 선고되는 장면(14-19절) 그리고 동산으로부터 내쫓기는 장면으로 이어진다. 첫번째 설화는 2, 10-14가 삽입된 다음에 15절(15b절은 8a절의 내용을 반복한다)에서 이야기의 흐름을 되찾아서 18-24절에서 이 흐름을 계속 이어나간다. 이 이야기에 따르면, 창조물 인간은 18절에서 드러나듯이 창조자가 정말로 원했던 것과 정확히 일치하는 그런 존재가 아니다. 인간은 아직 충족스럽지 않은, 좋다고 할 수 없는 그런 존재이다. 이런 상황에서 제일 먼저 들짐승들이 그때까지 부족한 것을 채우도록 불리어진다. 그렇지만 인간 창조를 그 성취에 이르게 한 것은 오로지 여자의 창조일 따름이다. 이 설화는 남자가 여자를 "기쁨에 차서 반기는"(Herder) 데서 그 절정에 달하고, 전형적으로 원인론적인 한 결론(24절)으로써 그 끝맺음을 하고 있다. 즉, 여기서 이야기로 전해진 사건은 설화자가 처한 상황의 바로 핵심에 가 닿아 있는 어떤 것을 기초지어 주는 것으로서, 남자와 여자는 서로가 서로를 향하도록 운명지어진 존재로서 함께 결합해 살지 않으면 안된다는 것이다. 분명히, 바로 이것이 이 설화의 결론이었다. 이어서 그들 둘이 모두 알몸이면서 부끄러워하지 않았다는 짧은 지적은 유혹 장면(3,7)을 미리 준비하는 대목이다. 그리고 바로 이것이 두번째 설화로 넘어가는 전이점(轉移點) 역할을 한다. 끝으로 이 두 설화를 이처럼 한데 융합시킨 것과 관련하여 지적해야 할 한 가지 결정적인 사항이 있다. 즉, 이 두 설화가 하나로 결합되면서 자체로 완결된 하나의 이야기 단위를 형성하는데, 이것은 흙으로부터의 인간 창조에서 하느님이 자신의 창조물을 데려다 놓았던 그 동산으로부터의 추방에 이르는 내용을 갖추게 된다는 것이다. 하느님은 불복종한 인간에게 벌을 내리신다. 이에 따라 인간은 실존의 저 짐을 짊어져야만 해서, 여자는 아이를 낳는 고통을 겪어야 하고, 남자는 가시덤불과 엉겅퀴가 자라는 땅을 갈지 않으면 안되게 된다. 설화자는 이 설화의 마지막 대목에 가서 맨 처음의 상황과 관련지어 다음과 같이 언급한다. "… 네가 흙으로 돌아갈 때까지 하리니, 이는 네가 흙으로써 이루어진 까닭이다." 이런 과정을 통해서 이 작가는 인간의 본질에 관하여 궁극적인 선언을 한 것으로서, 인간은 흙으로 창조되었고, 흙과의 연관 속에서 흙에 제약을 받으며 사는 존재라는 것이 인간의 본질에 관한 그의 선언인 것이다. 땅은 인간의 활동 무대이다. 그리고 이것은 인간에게 자기 발전을 위한 엄청난 가능성을 부여해 줄 것이다. 그러나 인간은 다시 흙으로 돌아간다. 인간이 그 어떤 것을 완취한다고 하더라도, 그는 여전히 출생으로부터 죽음에로 이르는 삶의 한 과정에 매여 있는 존재일 따름인 것이다.

〈3〉

흙을 소재로 한 인간 창조

2,7에 "그때 하느님 야훼께서 땅에서의 먼지로 사람을 빚어내어 그의 콧구멍에 생명의 숨을 불어넣으셨다"는 문장이 나온다. 철학적 성찰을 통해서 여기에 접근한다고 하면 이 진술은 지극히 시대에 뒤떨어진 것일 수밖에 없다. 하지만 우리는 무엇보다도 먼저 좀더 치밀하게 이 구절에 귀기울여 보아야 하지 않을까 싶다. 우선, 제관기 작가(1,26-31)는 하느님이 자신의 말씀으로 인간을 창조했다고 말하지 않는다는 사실을 기억하지 않으면 안될 것이다. 제관기 이야기의 경우에는 인간 창조가 어떻게 발생했는가에 대해서 전혀 언급된 것이 없다. 하지만 하느님이 흙을 소재(素材)로 인간을 창조한다는 고대의 관념은 상당히 널리 유포되어 있어서, 이것은 다른 것으로 그렇게 쉽게 대치될 수가 없었다. 우리는 이런 생각을 욥기에서도 대하게 되는데, 이것은 아마도 제관기 저술 시기보다 후대의 것임에 틀림없다. 그 내용을 보면 다음과 같다. "당신께서는 나를 손수 빚어 만드셨습니다"(10,8). 또한 "… 땅 위에 터를 잡은 진흙으로 지은 집들에 사는 사람들 …"(4,19)도 이와 같은 맥락에서 이해할 수 있다. 그뿐 아니라 이러한 생각은 구약성서 여러 곳에 나타나는데, 그 예로 시편 90,3; 103,14; 104,29; 146,4; 이사야 29,16을 들 수 있다.

이와 동일한 관념은 이집트에서도 찾아볼 수 있는데, 특히 아메노피스 3세의 아들을 묘사하는 창조자-신인 크눔의 부조(浮

彫)에 이같은 사고가 잘 나타나 있다. 그리고 〈길가메쉬 서사시〉의 바빌로니아 판 중에서 엔키두가 창조되는 부분에서 역시 이와 같은 사상이 드러난다.

> … 아루루가 이것(신들의 부탁)을 들었을 때,
> 여신은 자기의 마음 속에 아누의 복사판을 그렸다.
> 아루루가 자기의 손을 닦고,
> 진흙을 움켜내어 초원 지대에 흩뿌렸다.
> 여신은 그곳에서 용맹스런 엔키두를 창조하였다.
> (*ANET*, ed. J. P. Pritchard, 74면)*

그러나 이 모티브는 훨씬 더 오래된 것이다. 이것은 원시 문화들 속에서도 찾아볼 수 있는 것으로서, 전세계에 걸쳐 여러 지역에서 발견될 만큼 아주 폭넓게 퍼져 있다. 그리고 인간 창조는 창세기 2, 7에서와 같이 흔히 두 가지 행위, 즉 흙 또는 먼지로 사람의 형상을 만드는 것과 생명의 숨을 불어넣는 것으로 묘사된다.

이 소재가 매우 널리 퍼져 있고, 인류 역사에서 아주 초기까지 거슬러 가 닿아 있는 고래의 모티브라는 사실을 주목할 때, 우리는 이것과 관련하여 통상 행해지는 다음과 같은 설명, 즉 이것은 제관계 전승과는 달리 야휘스트에 한해 나타나는 특수한 어떤 것이고 제관계 전승에 비해 훨씬 더 오래된 것이라는 설명을 바로잡을 수 있을 것임에 틀림없다. 오히려 우리는 야휘스트

---

* 〈길가메시 서사시〉는 N. K. Sandards가 판독하여 1960년에 펭귄 문고로 출판한 것을 이현주 목사가 번역하여 같은 제목으로 1978년 범우사에서 출판된 바 있다. 이 내용은 이 책 14면에 소개되어 있다. 그렇지만 판독자가 다른 관계로 두 텍스트간에는 상당한 차이를 보이고 있다. ― 역주

저자의 경우 자기 이전에 수천년 동안 떠돌고 있었고, 자기 이후로도 수천년간 전해져 내려왔던, 그리고 제관기가 저술되던 때는 물론 그 후대에도 역시 알려져 있었던 그와 같은 한 전승된 이야기를 반복하고 있다고 말해야 할 것이다. 현재의 우리로서는 야휘스트가 이 서술 작업에 직접 참여했는지의 여부에 대해서는 정확하게 말할 수는 없다. 하지만 이런 일은 거의 없었으리라 여겨진다. 야휘스트는 이것을 그대로 반복해서 전하고 있을 듯싶은 것인데, 왜냐하면 그에게 있어 이것은 설사 진술 방식이 변화를 보였다고 하더라도 그 자체의 독특한 양식과 의미를 갖는 "고전적인" 진술이었기 때문이다. 그는 이것은 자신이 말하고 싶어하는 내용, 즉 인간은 하느님으로부터 자신의 실존을 부여받았고, 인간 실존은 창조된 실존 외에 다름아니다라고 전하기 위한 적절한 인용구로 활용하고 있다. 이로써 야휘스트에게 전해져 내려왔고 그 자신이 후대에 전해준 이 오래된 전승은 오늘 이 시대에 있어서도 여전히 지극히 타당성을 띠는 요소로서 인간과 인류의 기원에 관한 심리학적인 그리고 인간학적인 성찰을 그대로 내포하고 있는 것이다. 이에 따르면, 인간은 우리가 살고 있는 이 땅에 속한 여러 요소로 이루어진 존재라는 것이다.

이것을 다른 문장, 말하자면 하느님이 당신 자신이 흙으로 창조한 그 형상, 그 꼴에다가 생명의 숨(〈창세기〉: 살리는 넋)을 불어넣었다는 구절과 같이 읽을 때, 이것은 또 다른 부가적인 의미를 띠게 된다. 이럴 경우 그 결정적인 요소로서의 생명이 인간 육체라고 하는 물질적인 부분에 더해지는 것이다. 그런데 살아 있는 존재가 된다는 것은 단순히 영 또는 혼을 가진다는 것을 뜻하지 않는다. 이 점은 이 문장에 곧 뒤따라 나오는 "이에 사람이 (한) 생명체(살아 있는 존재)가 되었다"는 문장을 통해 분명히 알 수 있다. 이것은 히브리어로 "네페쉬 하야"인데, 이것은 "살아 있는 혼"으로 옮겨질 수 있는 말이다. 그런데 이것은 한 "살아 있는 혼"이 그 인간의 육체에 끼어들여진 것을 뜻하지 않는다. 그보다는 오히려 이것은 인간이 한 살아 있는 혼으로, 이를테면 한 살아 있는 존재로 창조되었다는 것을 의미하는 것이다. 따라서 우리는 인간에 대한 성서의 이해와 관련하여 근본적으로 중요성을 띠는 사실 한 가지를 다음과 같이 지적할 수 있을 것이다. 즉, 한 살아 있는 존재 상태로 창조된 인간은 완전한 통합, 조화를 이룬 한 존재로서 창조되었다는 것이다. 결국 인간을 육체나 혼으로 구성된, 혹은 육체와 혼과 정신으로 구성된 존재로 보는 그 어떠한 인간 이해도 여기서는 처음부터 배제되어 있다. 성서가 인간을 한 창조물로서 언급할 때, 이는 인간을 인간이 존재하면서 드러내 보이는 그 모든 것을 있는 그대로 띤 존재로서의 인간, 그리고 인간 실존에 속해 있는 그 모든 것과 관련되어 있는 존재로서의 인간을 의미한다. 성서는, 인간학적으로 말해서, 육(flesh)을 낮게 평가하고 영을 높이 평가하는 것은 말할 것도 없고, 아예 육과 영으로의 그 어떠한 구분도 허용하지 않는 것이다. 그리고 우리는, 야휘스트 저자가 "하느님이 땅에서의 먼지로 사람을 빚으셨다"고 했는데, 여기서 그가 먼지라는 말을 택함으로써 전하고자 하는 것이 무엇인지에 대해서도 숙고해 보아야 할 일이다. 이 말은 이 설화의 끄트머리인 3, 19에 가서 다시 나타나는데, 그 내용은 다음과 같다. "너는 먼지이고, 그리고 너는 먼지로 돌아갈 것이다." 결국 이 말은 인간의 덧없음, 즉 인간은 출생으로부터 죽음에 이르는 삶의 과정에 매여 있다는 사실을 가리키는 것일 따름이라고 할 수 있다. 이런 상태에서 아주 명확하게, 인간은 자신의 존재의 모든 측면, 모든 관계에 있어서 그가 먼지로부터 만들어졌고, 또 먼지로 돌아가지 않으면 안된다는 이 사실을 자신의 한계로, 그리고 자신의 조건으로 띠고 사는 존재라고 진술되고 있는 것이다. 만일 "물질"이 창조된 어떤 것을 가리키는 것으로 이해된다고 한다면, 이는 오히려 인간의 물질적인 면을 이야기하는 것이라고 해도 전혀 무리가 없다. 어떻든 그 어떤 경우에도 여기에는 인간이 고도한 요소와 저급한 요소, 썩어 없어질 육체와 불멸의 영혼으로 구성되어 있다고 하는 식의 인간 철학을 드러내 주는 표지는 전혀 없다는 사실이다. 2,7의 마지막 문장인 "이에 사람이 한 살아 있는 혼(생명체)이 되었다"는 진술에는 성서의 인간 이해에 있어 중요한 다른 어떤 것이 내포되어 있다. 인간은 오직 자신의 실존의 생명성으로 해서만 비로소 인간일 수 있다는 것이 그것이다. 인간은 이 생명체적 실존을 논외로 한 채 연구의 대상이 될 수는 없다. 생명체적 존재로서의 인간은 "인간의 모습" 속에서는 결코 이해될 수 없을 뿐더러, 인간에 관한 가르침 또는 교설에 그대로 다 담겨질 수도 없는 일인 것이다.

⟨4⟩

한 총체적 존재로서의 인간

인간 이해에 있어서 본질적인, 아니면 적어도 기본적인 것은 일체가 창조 이야기에서 언급되었다고 말할 수 있는 것 같아 보였다. 그러나 그렇지만도 않은 듯싶다. 철학적 인간학과 신학적 인간학은 지금도, 각기 그 나름의 전통적인 과정 속에서 그 나름의 전통적인 방식으로 인간을 참으로 인간이게 하는 것을 가려내고 그에 대한 진술을 가함으로써 인간의 "본질"을 파악하여 기술하고자 노력하고 있는 것이다. 하지만 이러한 접근 방법들과는 달리 성서의 창조 설화들은 인간 존재의 모든 실존적 관계들과 관련지어서, 그러한 관계 속에 존재하는 인간을 바라본다. 이 점은 야휘스트의 설화에서 아주 분명하고도 특히 인상적으로 나타난다. 인간은 단순히 그가 지어졌다는 것만으로는 아직 인간이 아니다. 인간이 인간으로서 창조될 수 있기까지는 다른 많은 것들, 이를테면 생활을 영위할 수 있는 재원(8절)과 일을 하도록 부과된 사명(15절), 공동체(18-24절), 언어(19.23절) 등이 필요한 것이다. 두번째 설화에서는 하느님에 대한 관계와 이것이 인간 실존과 관련하여 갖는 중요한 의미들이 이런 것들에 덧붙여져서 언급된다.

내가 생각하기로, 성서의 창조 기록이 오늘 이 시대의 우리 세계에 근본적인 — 어쩌면 그 가장 중요한 — 기여를 하는 것이 바로 여기에 있지 않을까 싶다. 학문들이 분화되고 또 세분화되면서 점점 더 전문화되어 나간다. 한데 창조 설화의 경우 인간을 바로 인간 실존에 있어서의 여러 기원들에 비추어 한 총체로서 파악하려는 그와 같은 방식으로 인간과 그 실존에 대해 이야기한다고 할 때, 이는 어떤 중요한 의미를 띠지 않을 수 없다. 실제로 이것은 여러 학문들이 인간에 대한 이해에 있어서 총체성의 차원을 간과할 때, 그와 같은 세분화와 전문화는 필연적으로 아무 소용없는 것으로 끝날 수밖에 없다는 점을 분명하게 드러내 주고 있는 것이다. 여기서 내가 언급하는 대상에는 인간에 관한 신학적 성찰, 다시 말해서 신학적 인간학도 포함된다는 점에 주의를 기울여주기 바란다. 신학적 인간학 역시 인간 실존을 "오로지" 하느님에 대한 인간의 관계 속에서만 이해하려고 애쓴다면, 이것 역시 결국에는 아무 소용 없는 것으로 끝나고 말 것임에 틀림없다. 순전히 하느님과의 관계 속에서만 존재하는 인간이란 있지가 않은 것이다. 철학적 인간학이건 심리학적, 혹은 사회학적 인간학이건간에 그 어떤 것이라고 하더라도 자체를 유일한 절대로서 내세우는 한에는 이와 똑같은 귀결에 이르고 만다. 그럼에도 지속적으로 세분화하고 전문화하는 학문들은 쉽게, 각기 나름으로 자기 영역만큼은 절대적인 능력을 갖추었다고 확신해 버릴 수가 있다. 한데 만일 창조 설화들 속에 개진된 대로 나타나는 인간에 대한 성서적 이해가 인간 이해에 영향을 미친다는 의미에서 어떤 식으로든 영향을 미친다고 한다면, 그것은 어떻든 위에서와 같은 인간 실존 자체와 무언가 연관된 것이 있는 모든 학문들이 하나의 공통된 출발점을 갖고 있고, 따라서 궁극에 가서는 그 학문들의 탐구가 수렴되지 않을 수 없는 그와 같은 맥락에서 그럴 수 있을 따름이라는 사실이다. 신학과 관련하여 다음과 같은 물음이 제기될 수 있을 것이다. 오늘 이 시대의 우리가 겪고 있는 이와 같은 영(spirit)의 위기 속에서 오로지 다른 학문과 절연된 어떤 한 신학적 인간학을 구축하기 위해서만 일체의 노력을 경주하는 것이 참으로 그렇게 중요한 것이겠는가? 그보다는 오히려, 인간 창조와 관련한 성서의 성찰에 표출되어 있는 것과 같이 인간을 하나의 총체, 전체 존재로서 이해하는 데 그러한 노력이 기울여져야 하지 않겠는가? 이렇게 할 때, 저 신학적 인간학은 정말이지 전혀 새로운 어떤 것을 도출해 낼 수 있을 것이다. 즉, 이럴 경우 신학적 인간학 자체는 인간에 관한 다른 학문들과의 대화에 있어서 현 시대에서도 그대로 타당성을 갖는 어떤 것을 말하고자 애쓸 것이고, 그리고 가능하다면 인간을 대상으로 한 여러 학문들간의 대화를 돕는 조력자의 역할을 할 수 있도록 진력하게 될 것이다.

야휘스트의 창조 설화가 갖는 중요성은 이런 시각에서만 제대로 파악될 수 있을 따름이다. 인간은 바로 맨 처음부터 생활을 유지시킬 재원을 마련하는 일(경제), 일을 하도록 부과된 사명(일과 관련을 갖는 학문과 일의 역사와 법규), 공동체(사회학) 그리고 말(언어학) 등과 연관되어 있는 존재인 것이다. 한마디로 이 저자는 신학적 연구 대상으로서의 인간이 아니라 인간 실존의 전 영역에 관계된 존재로서의 인간에 대해서 몰두해 있는 것이다.

〈5〉

낙원과 일을 하도록 부과된 사명

기존하는 주석서를 한 번 살펴보면 이 부분이 갖는 의미가 얼마나 철저하게 잘못 이해될 수 있는가를 알 수 있을 것이다. 주석자들은, 동산 — 하느님이 인간을 데려다 놓은 — 을 갈고 지키라고 한 명령 또는 사명은 원래의 설화에 속한 것일 수 없고, 후대에 첨가된 내용임에 틀림없다고 주장하고 싶어한다. 그 한 예를 보기로 하자. "2차적으로 손질된 대목 중에서 이곳에서만큼 아주 분명하게 텍스트 자체와 상치하는 대목은 없다. 인간은 일하고 지키기 위해서가 아니라 복된 즐거움을 누리도록 낙원에 있는 것이다"(K. Budde, 1883).

우리는 여기서 어떤 특정한 관념에 대해서 특정한 연상 현상이 얼마나 집요하게 따라붙는가 하는 사실을 보게 된다. 낙원, 파라다이스는 원래 페르시아 말로서, 그리스어로 파라데이소스로 음역하여 빌려 쓴 말이다. 그후 이것은 서구 언어 속에서 명확한 한 표상을 갖게 된다. 그런데 이 말의 근본적인 의미는 담으로 둘러싸인 과수원이란 뜻인데, 이것은 히브리어 본문에 사용된 그 말과 부합한다. 그러나 후대로 내려오면서 이 말에 덧붙은 의미는 전혀 다른 것이 되어 버린다.

"파라다이스"관, 즉 일체의 좋은 것들로 넘치는 풍요와 평화가 눈앞에 펼쳐져 있는 축복받은 어떤 곳이라는 관념이 널리 유포되면서, 이것은 서로 다른 여러 형태로 변하였다. 그중의 하나가 코란에서 찾아볼 수 있는 파라다이스에 대한 기술로서, 이것은 파라다이스관의 한 전형을 이룬다. 이 파라다이스관이, 역시 상당히 널리 유포되어 있는 신들의 동산에 대한 관념하고, 혹은 헤시오도스가 서술하고 있는 것과 같은 황금 시대에 관한 사상하고 연계된다. 하지만 하느님이 자신이 창조한 인간을 데려다 놓은 "에덴(에 있는) 동산"은 이런 것들과는 전혀 무관한 것이다. 이것은 지리적으로 어디라고 꼭짚어 말할 수는 없는 아주 멀리 떨어져 있는 땅 혹은 지구상의 어느 한 지역을 가리킨다. 이곳은 물이 풍부하고 기름진 확 트인 땅으로서, 세상의 조건들 속에서 생명이 그 과정을 겪어나가는 바로 이 세계의 어느 한 부분일 따름이다. 그곳은 "즐거움의 땅"(에덴)이요, 하느님과 인간이 아직 갈리지 않았다는 사실을 반영하는 비옥하고 아름다운 땅이다. 이것이 참으로 하느님의 동산인 것은 하느님이 일차적으로 인간에게 마련해 주시려고 이것을 창조했기 때문이 아니라 이 동산에서 하느님이 인간과 가까운 존재일 수 있기 때문이다. 한데, 하느님이 인간을 이 동산에 자리잡게 한 것은 이것을 부치고, 즉 경작하고 지키게 하기 위해서라고 하는 점이 매우 중요하다. 이것은 이 동산이 동화의 나라도, 유토피아도, 혹은 "축복받은 열락(悅樂)"을 누리는 파라다이스도 아니라는 사실, 그보다는 오히려 경작하고 돌보아야 할 필요가 있는 그러한 땅이라는 것을 뜻하는 것이다. 따라서 영원히 열락을 누리는 어떤 상태로서의 파라다이스관은 구약성서와는 지극히 동떨어진 것이지 않을 수 없다. 이러한 사상은 육체 노동에 매우 저급한 가치를 부여하는 인간 이해에 속한다. 이런 인간 이해를 갖고 있는 이들은 영적인 것이라든가 관상(觀想), 혹은 순전한 열락에 몰두해 있는데, 이들에게서는 이런 것들만이 삶의 과정 속에서 그 획득을 위해 분투할 만한 가치가 있는 유일한 것으로 여겨질 따름이다.

그러나 일은 창조 설화에서뿐만 아니라 구약성서 전체에 있어서도 인간의 신분을 규정하는 본질적인 영역으로 여겨지고 있다. 일 없는 삶은 완전한 삶이 될 수가 없다. 그런 삶은 인간에게 있어 전혀 무가치한 실존이 되고 말 것이다. 이와 같은 사실은 동산에서 일을 하라는 사명과 더불어 아름답고 물이 풍부한, 그리고 기름진 그곳에 인간을 자리잡게 하신 하느님에 의해 표명되어 있다. 일을 하도록 한 그 사명이 일에 의미를 부여한다. 말하자면 일의 의미는 결코 인간에 의하여 부여된 것이 아닌 것이다.

이 저자가 "(경작한다는 뜻의) 부치다와 (돌보다는 뜻의) 지키다"라는 두 동사를 사용했을 때, 그는 일차적으로 팔레스티나 지역의 농부가 하는 일을 생각하고 있다고 말할 수 있다. 하지만 그가 염두에 두고 있던 의미를 이 정도로 한정하는 것은 잘못이지 않을 수 없다. 이 구절은 인간이 자신의 삶의 전 영역에서 사명으로 부여받고 위탁받은 그런 일, 이를테면 인간의 창조적인 일과 보존해 나가는 일을 포괄하고 있는 것이다. 이 두 동사는 상호 보충적인 성격을 띤다. 인간의 일은 모두가 이런 저런 방식으로 이와 같은 "경작과 지키는 일"에 연루될 수 있다. 설화자는 인간의 활동에 기본적인 방향을 제시해 주고자 하였던 것이고, 이를 통하여 그는 창조물이 이런 일체의 일을 맡도록 하는 것이 창조자의 의도요 포고(布告)라고 진술하고 싶어하는 것이다. 인간의 일은 이러한 맥락에서 정적인 의미로가 아니라 역할 또는 기능적인 의미로 이해되어야 한다는 점에 주목하지 않으면 안된다. 창세기 2장은 예컨대 농업이나 가르치는 직업, 혹은 군인 직업에 종사하는 신분과 같은 식으로 일을 수행할 확정된 계급 또는 신분들을 설정해 주는 것이 아니다. 다시 지적하지만, 여기서의 일은 역할 또는 기능적으로 이해되어야 하는 것으로서, 하느님이 인간을 동산에 자리잡게 하셨다. 그리고 동산과 땅의 경우 일구어져야 할 대상으로서 존재한다. 땅은 그렇게 할 수 있는 능력을 부여받았을 뿐만 아니라 근면하기도 한 인간에게 맡겨진 것이다. 환경의 변화에 따라 다른 유형의 일들이 요구될 때도, 그 사명은 조금도 바뀌지 않는다. 경작하고 보존시키는 것은 얼마든지 적합하게 적응, 조화될 수 있기 때문이다. 뒤에 가서 다루어지게 될 일의 발전과 전문화(4, 17-26)는 일에 대한 이와 같은 역할 기능적인 이해에 상응한다. 하느님이 부여한 사명은 명확하게 규정되었거나 확정되어 있는 일의 형태들뿐만 아니라 일이 발전하면서 보이는 모든 측면에 있어서의 그것에 대해서도 계속해서 적용되는 것이다.

⟨6⟩

동 물 들

이제 인간은 나름대로 정립이 되었다. 양식을 제공받았을 뿐만 아니라 사명도 부여받았다. 그리고 이에 따라 인간 삶에 의미를 부여하는 일도 갖게 되었다. 그런데 과연 이것으로 삶이 다인가? 이런 존재가 참으로 하느님이 창조하기로 의도하셨던 바로 그 인간인가? 이 물음은 다음과 같은 하느님의 내성(內省)에 집약되어 있다. "사람이 저 홀로 있음이 좋지 않다." 궁켈(H. Gunkel)은 이 대목에 대한 주석에서 이렇게 지적한다. "이 장면은 하느님에 대한 순진한 견해를 드러내 보인다. 하느님이 무익한 실험을 하고 계신 것이다. 그런데 멜라네시아인의 경우도 인간 창조 과정에서 실패한 많은 시도들에 관해 언급하고 있는 것을 볼 수 있다." 실제로 인간을 창조하는 데 있어 여러 차례의 시도가 실패로 돌아가는 현상을 보인다는 것이 많은 원시적인 창조 이야기들의 특징으로 나타난다. 인간 창조가 성공을 거두는 것은 오로지 그 마지막 시도로써일 따름인 것이다. 이 자료 역시 야휘스트에게 전해진 것이었다. 이것은 원시 문화들에로까지 거슬러올라갈 정도로 아주 오래된 모티브로 여겨지고 있다. 하지만 야휘스트는 이 경우에도 또다시 이 사상을 그대로 채택해서 쓸 필요를 느끼지 않았다. 이에 그는 자신의 이야기를 구성하면서 이것을 변화시켜 수용한다. 그는 이것을 통해서 그 자신이 중요하게 여겼던 어떤 것을 표현할 수 있었기 때문이다. 창세기 1장에 나오는 제관계 진술을 살펴볼 경우, 여기에는 간단하게 이처럼 기술되어 있다. "하느님께서 … 그들을 남자와 여자로 창조하셨다." 제관계 저자가 야휘스트 저자가 이야기하는 것과 정말로 다른 것을 이야기하고 있는 것은 아무것도 없다. 다만 이들간의 차이는 야휘스트가 이 평범한 이야기에서 인간이 남녀 두 성으로 구분지어진다는 명백한 사실을 포착하여 이것을 비판적 성찰의 대상으로 삼고 있다는 데에 있다. 여기서 우리를 놀라게 하는 것은 야휘스트가 이 오래고 단순하며 원시적인 표현 방식을 가지고 비판적인 의식 수준을 완벽하게 드러내 주는 단계로 고양시키는 데 성공하고 있다는 사실이다. 하느님은 이렇게 말한다. "사람은 저 홀로 있음이 좋지 않다." 이러한 성찰은 공동체에 대비된 외로운 실존 상태를 드러내 준다. 그러면서 동시에 이것은 인간이 인간으로 존재하는 데 있어서의 특성은 단순히 인간으로서 생존하는 데서 찾아볼 수 있는 것이 아니라는 것, 그보다는 오히려 하나의 공동체 속에서만 비로소 인간이 참으로 인간일 수 있다는 것을 진술하고 있는 것이다. 이러한 상황은 바로, 사람과 더불어서 분명하게 그 완성에 이르게 되고, 인간을 위해 마련되고, 또한 인간이 돌보도록 배려된 창조 과정의 마지막 단계에 이르렀을 때, 주의깊게 "이것으로 좋은 것일까?" 하는 질문을 제기하는 방식으로 표현되어 있다. 이 질문에 대한 답이 부정으로 나타나면서, 합당한 인간 실존을 위한 공동체의 필요성이 그와 같은 진술의 배후에 감추어져 있는 상태로부터 전면으로 드러내어질 수 있는 길이 열리게 된다. 이렇게 되면서는 이제 과거에는 여기에 담겨 있었던 것으로 여겨지고, 또 모든 이들이 당연하게 받아들여 왔던 어떤 것이 이제는 더 이상 당연한 것으로 받아들여지지를 않는다. 이제는 그것의 의미에 대한 새로운 자각이 생겨나고 있는 것이다. 공동체에 대한, 그리고 인간 실존에 있어서의 공동체의 의미에 대한 이와 같은 발견은 비록 상당한 거리가 있는 것이기는 하지만, 하나의 독립된 학문으로서의 사회학의 대두와 비교될 수 있다. 또한 지금까지 줄곧 당연시되어 왔던 인간 관계들의 전 영역이 한 특수한 학문의 대상이 되지 않을 수 없을 만큼 지극히 중요한 것이라는 사실이 새롭게 인식되고 있는 것도 바로 이러한 맥락에서인 것이다. 그런데 이와 같은 뚜렷한 부족을 보완하기 위해서 창조자가 행한 첫번째 시도가 동물들의 창조로 나타나고 있다는 사실은 우리를 오히려 의아하게 만든다. 이에 우리는 일단, 인간이 자신에게 맞는 도움을 동물들 가운데서 발견할 수도 있으리라는 가능성이 여기에 제시되고 있지는 않은지 고려해 보지 않을 수 없게 된다.

2장에 전해지는 동물들의 창조는 1,20-25와는 그 맥락이 완전히 다르다. 1장에서의 경우 이것은 하느님에 의해 창조된 세계의 일부로서의 동물들에 관한 문제를 다룬 것이었다. 따라서 동물들은 살아 있는 것들이 여러 갈래로 나뉘면서 나타난 일종의 종으로 간주되었다. 이것은 동물학이 물음을 전개해 나갔으리라 싶은 방식과 상응하게 펼쳐져 있다. 그런데 이와는 달리 야휘스트 설화는 인간에게 있어서 동물들이 어떤 의미를 갖고 있는가 하는 관점에서, 혹은 현대의 행동 과학의 맥락에서 동물이 인간에게 있어 어떤 의미를 띨 수 있는가 하는 관점에서 동물들을 바라본다. 창세기 1장에 전해지는 동물들의 창조는 세계 창조의 맥락에 위치한다. 그러나 창세기 2장에서는 이것이 인간 창조의 맥락에 위치해 있다. 2장에서의 경우 동물 창조는 인간과 연관지어져 있는데, 인간은 하느님이 동물들을 만들어서 그에게 데려다 준 후에 스스로가, 동물들이 자신에게 적절한 도움이 되는지의 여부를 결정지어야 하는 상황에 있었다. 우리는 여기서 인간 관계에 대한 이해 면에서 아주 현저하게 인본주의적인 특성을 인지할 수 있게 된다. 하느님은 인간이 얻게 될 동료의 유형을 간단하게 정해 주지를 않으시는 것이다. 그리고 참된 공동체란 인간이 자유로운 결정에 따라 동료를 수락하는 그런 자리에서 비로소 형성되는 것으로서, 오직 인간 자신이 동반자가 구체적으로 어떤 존재인지의 여부를 말할 수 있어야 하는 것이다.

〈길가메쉬 서사시〉에서도 짐승과 인간간의 관계 여부와 이 두 부류가 어떻게 관계되는지에 관한 주목할 만한 비교 자료를 제시해 주고 있다. 이 이야기에 따르면, 엔키두는, 후에 길가메쉬의 동료가 되는데, 이를테면 두 단계에 걸쳐 창조된다. 첫 단계에서 그는(그 역시 흙으로 만들어졌다) 동물들과 함께 살았던 한 존재로 창조되었다. "그의 온 몸은 털로 뒤덮였고, 여자처럼 긴 머리카락을 하고 있었다." 그는 먹고 마시는 식이 동물들과 같았고, 실제로 동물들과 같이 살았다. 뿐만 아니라 동물들은 그를 두려워하지 않았다. 그 뒤로 엔키두는 신들이 그에게 보낸 한 여자에 빠져들어서 인간 공동체와 문명화된 한 인간과 친숙해졌다. 엔키두와 관련한 이와 같은 장면 배후에는 창세기 2, 19-20에 전해지는 모티브의 배후에서와 마찬가지로, 인간이 동물과 훨씬 더 가깝게 지냈던 아주 이른 시기에 형성된 한 전승이 자리잡고 있다. 우리는 여기서 다시 한번, 성서에 나타나는 창조에 관한 성찰과 인류의 맨 처음에 관한 과학적 탐구가 상호 배타적인 것이라는 결론에 이르게 만든 것은 개탄스럽지 않을 수 없는 일이지만, 이는 단지 올바른 지식이 결핍된 데 따른 것이었다는 사실을 재확인하게 된다. 창조 설화들이 발생했을 당시에 사람들은 인간이 과거에 동물들과 한층 더 가까운 사이였다는 사실을 잘 알고 있었던 것으로서, 우리는 그들이 이와 같은 사실을 인식하고 있었다는 흔적을 성서 이야기 속에서 확인하게 되는 것이다. 그러나 엔키두의 장면과는 달리 성서의 설화는 동물들이 인간의 합당한 조력자가 될 수 없다는 점을 분명하게 기술해 주고 있다.

이 단계에 이르러서 우리는 비로소 동물들이 인간에 있어서 갖는 긍정적인 의미를 설명할 수 있게 된다. 하느님은 동물들을 인간에게 데려다 주신다. 이렇게 해서 하느님은 인간으로 하여금 이것들에다가 이름을 붙일 수 있도록 하신 것인데, 이에 "사람이 (모든) 산 것들을 일컫는 그 모든 말이 바로 그(것)의 이름이 되었다." 여기서 인간은 일정한 한계 속에서이기는 하지만 처음으로 자신의 자율성을 드러내 보여주었다. 인간은 동물들이 존재하는 그대로, 다시 말해서 하느님에 의해 창조된 존재 그대로, 그것들에다가 이름을 붙여주어야 했다. 그러면서도 인간은 맨 처음으로 자신이 부여받은 재능을 보여주기에 이른 것인데, 인간은 동물들한테 이름을 붙여주었고, 이와 같은 이름과 더불어서 그것들이 인간에게 있어 띠는 의미까지도 부여받게 하였다. 제관기는, 다분히 추상적으로, 창조자가 인간을 동물들에 대한 주인으로 설정하셨다(1, 26-28)고 말한다. 야휘스트 역시 이상에서 벌어진 일들을 이야기로 전하면서 이와 동일한 이야기를 하고 있다. 하지만 야휘스트는 한층 더 분명하게 지배란 착취를 뜻하지 않는다는 점을 갈파한다. 인간은 동물들한테 이름을 붙여주고, 이로써 그것들에다가 인간의 세계에서 맡을 한 기능을 부여해 주고 있는 것이다. 창조물로서의 동물들은 아무런 이름도 갖고 있지 않다. 오로지 인간의 세계에서 수행할 어떤 기능을 부여받는 한에서만이 동물들은 이름을 받을 따름이다. 따라서 이 동물들에다가 이름을 붙여줄 수 있는 존재는 오직 인간 자신일 따름인 것이다. 인간은 동물들을 이름 짓는 일을 통해서 자기의 세계를 발견해 내고 규정하며 질서짓는다. 이렇게 볼 때 이 세계를 인간적이게 만드는 것은 바로 말이다. 그리고 동물들은 이름을 부여받음으로써 인간 세계의 일부를 형성하게 된다. 한데 이처럼 이름을 붙여주는 사건이 동물들과 연결지어져서 비롯한다는 사실은 본질적인 중요성을 띤다. 주로 사물들에다가 이름을 지어주는 차원에서 생각했던 이전의 해석자들은 이 점을 간파하지 못했다. 무엇보다도 먼저 살아 있는 것들에 대해 이름들이 부여된 것은 이것들이 인간들에게 가장 가까운 까닭이다. 원래 이름을 부여받는 것은 단순히 생존해 있는 것이기보다는 대면해 있는 존재인 것이다.

이 짧은 대목이 의미하는 것이 무엇인지를 제대로 이해하기 위해서는 원시적인 표현 방식으로 동물들에 부여된 이름들에 관해서 일정한 지식을 갖추어야 할 필요가 있다. 고유한 이름에서 속(屬)을 나타내는 이름이 형성되기까지는 수천년의 긴 과정을 걸쳐서 아주 점진적으로 변천 또는 발전해 나온 것이다. 동물들의 이름과 관련하여 이것은 많은 원시적인 언어들에서 볼 때 어떤 한 속에는 예컨대 소의 경우를 들어보면, 소를 가리키는 말이 단지 한 가지가 아니라 적어도 열 몇 가지, 어떤 때는 이것보다 훨씬 더 많다는 사실을 의미한다. 뿐만이 아니다. 동물의 매 성장 단계마다 그때그때 그 동물을 가리키는 특수한 말이 있다. 또한 동물의 각각의 기관은 나름대로의 특수한 표현을 가진다. 그리고 동물이 보이는 기질을 드러내는 하나하나의 상태라든가 몸의 부위의 일체의 특성 등도 역시 나름대로의 특수한 명칭을 가진다. 단적으로 말해서 이런 이름들은 관찰과 경험의 다양성을 반영해 준다. 그러므로 각 동물을 지칭하는 이름은 동물들과 동물들의 여러 생활 방식을 접하면서 얻은 지식을 통해서 오랜 동안 대를 거듭하여 축적해 온 것을 종합한 것이라고 할 수 있다. 이렇게 어떤 한 이름을 부여함으로써 무언가 사건이 시작된 것인데, 그것은 오늘 우리의 세대에 이르러서야 행동 과학 분야에서 비로소 다시금 수용되기에 이르렀다(Konrad Lorenz). 행동 과학은 그때 이래 다시 한번 동물들에 대한 지식과 이해가 인간 실존에 있어서 얼마나 중요한가를 마침내 깨달았던 것이다.

　나는 이 자리에서 한 가지 더 지적하고자 하는데, 이렇게 함으로써 행동 과학이 풍부한 결실을 얻어낼 수 있을 영역에 대해서 주의를 기울이도록 하려는 것이다. 지금은 우리가 어느 정도 접근이 가능한 원시인들의 여러 교훈집들을 살펴보면, 어느 것이거나간에 동물들과 비교한 내용들이 차지하는 비율이 상당히 높다는 것을 알 수 있다. 때때로 비상할 만큼 섬세한 관찰과 부드러운 유머를 보이는 이런 교훈들은 인류 역사의 초기 단계에서 인간은 흔히 동물들을 대상으로 한 날카로운 비교를 방편으로 삼아 인간으로서의 자기 자신의 유일무이한 특질을 이해하고자 했다는 사실을 우리에게 드러내 보여주고 있다. 이 교훈들은 야휘스트계 설화자가 인간 세계에서 동물들이 갖는 의미에 관해 이야기하면서 자신의 마음에 품은 것과 동일한 의도를 보여주고 있는 것이다.

⟨7⟩

남자와 여자의 공동체

"그러나 사람이 자기를 위하여는 자기와 대등한 돕는 이를 만나지 못하였다." 동물들로는 충분하지가 못했다. 이에 하느님은 여자를 창조하신다. 한데 남자의 갈비뼈에서 여자를 창조했다는 것은 흙으로 사람을 창조했다는 것과 마찬가지로 글자 그대로 이해될 수 없는 내용이다. 설화자는 잘 정립된 옛 전승을 물려받아서 자신의 이야기 체계 속에 수용하였는데, 이러한 전승을 드러내 주는 흔적들은 다른 대목들에서 발견되고 있다. 그가 이러한 진술 방식을 취한 까닭은 이것이 그로 하여금 창조 사건에서 남자와 여자가 어떻게 서로가 서로에게 속하게 되었는지를 설명할 수 있게 해주었기 때문이다.

이미 앞에서 짐승들을 그 남자(사람)에게 데려다 주었던 것과 마찬가지로 창조자는 이번에도 여자를 그에게 데려다 준다. 그러자 그는 그녀를 "희색이 만면하여 반기며" (J. G. Herder) 맞는다. 그녀야말로 참으로 그에게 적합한 조력자(돕는 이)인 것이다. 이 표현들은 인간 공동체의 의미를 본질적으로 드러내 준다. 우선 "도움"이라는 것은 그 어떤 식으로도 제한되어서는 안 된다. 이것은 결코 일에 있어서의 조력도, 후손을 낳는 데 있어서의 도움도 아니다(아우구스티누스 성인은 그런 식으로 보았지만). 여기서의 도움은 가장 넓은 의미에서의 도움인 것으로서, 이는 모든 삶의 영역에서의 상호 협력적인 도움을 뜻한다. 이러한 상호 협력적인 도움에는 말과 응답, 침묵과 활동에 있어서의 상호 이해도 포함되지 않을 수 없다. 인간 공동체, 일차적으로 남자와 여자가 이루는 공동체에 대한 이와 같은 간단한 서술은, 물론 이것만 그런 것은 아니지만, 참으로 놀라울 만큼 적절하다고 하겠다. 우리가 사는 오늘 이 시대에도 역시 그 모든 문화적인 차이와 변화에도 불구하고 남자와 여자가 함께 형성하는 공동체는 바로 이런 식으로 기술될 수 있을 것이다.

전도서 4,9-12에 보이는 몇 구절은 공동체에 관한 이와 같은 기술을 반향하는 일종의 메아리이다.

> 혼자보다 둘이 더 낫다.
> 그들의 수고가 좋은 보상을 받겠기 때문이다.
> 넘어지면 일으켜 줄 사람이 있어 좋다.
> 외토리는 넘어져도
> 일으켜 줄 사람이 없어 보기에도 딱하다.
> 그뿐이랴. 혼자서는 몸을 녹일 길이 없지만
> 둘이 같이 자면 서로 몸을 녹일 수 있다.
> 혼자서 막지 못할 원수도
> 둘이서는 막을 수 있다.*

남자가 여자를 맞으며 한 말은 리듬감이 있다.

> 이제 바로 이야말로 내 뼈 중의 뼈로다. 또 내 살의 살이로다.
> 이야말로 잇샤(여자)라 불리어야 할 것이,
> 이게 바로 이슈(남자)에서 빼내어진 까닭이다.

---

* RSV 텍스트에 따라 사역한 9a절 이외에는 저자의 의도를 전하는 데 별 무리가 없을 것으로 보아 〈공동 번역 성서〉에서 그대로 인용하였음 ― 역주.

이 대목이 리듬감이 있는 것은 탄성이 반복되기 때문인데, 이 탄성은 거침없이 흘러나오는 말로부터 리듬을 얻고 있다. 그리고 그 말은 탄성지르듯한 어조로 표현된 시 형태로 되어 있다. 한데 이 리듬은 이 말에 영향을 받아 후에 형성된 것이 아니다. 오히려 여기서 찾아볼 수 있는 리듬은 그 탄성 특유의 표현 형태인 것이다. 이와 같은 외침은 상황에 의해 촉발된 것으로서, 여자에게서 자기의 동료를 발견하면서 맞닥뜨린 그의 기쁨에 찬 놀라움에 대한 표현이 이렇게 분출된 것이다. 그는 이 순간에 "시" 이외에는 그 어떤 형태로도 자기 자신을 표현할 수가 없었던 것으로서, 이를테면 그는 유수처럼 흘러나오는 자기 말에다가 시적인 표현에서 비롯하는 리듬을 입혀 놓고 있는 것이다.

  우리는 이상에서 이 설화자가 인간의 말이 갖는 두 가지 기본적인 기능, 이름짓기와 탄성(외침)을 인간 창조 이야기에 수용하면서 그가 마음에 품었던 의도를 간파하게 된다. 이름짓기 — 이것은 적확성과 질서하고 연관되는데 — 는 과학적인 활동과 관련되어 있고, 외침은 시와 관련된다. 말의 기본적인 기능들은 인간이 인간이 되게 하는 요소에 속한다. 인간 창조 설화는 인간이 자기 동료를 반겨 맞는 기쁨에 찬 탄성에서 절정에 달한다. 하느님이 창조한 그 존재는 이제 여기서 비로소 참으로 (인간다운) 인간, 공동체 속에서의 인간이 되는 것이다. 덧붙여진 구절인 24절에는 두 성간에 서로가 서로에 끌리는 성향에 대한 원인론적인 설명이 덧붙여져 있다. 이 구절은 이 설화에 처음부터 직접 속해 있던 것은 아니었다. 어떻든 여기서는 남자와 여자 서로간의 끌림으로 해서 집과 부모로부터 떠나는 것으로 진술되어 있다. 하지만 그렇다고 해서 이 저자가 결혼 제도를 설명하려는 것은 전혀 아니다. 그는 단지 남자와 여자의 사랑이 보이는 근본적인 위력을 지적하려는 것으로서, 이것은 기존하는 제도들에 비해서 오히려 그것들을 압도할 수 있기까지 하다는 것이다. 여기서 언급되고 있는 것은 상당히 혁명적인 면을 띠기까지 한다. 사랑에 빠져 있는 이들이 보이는 서로에 대한 저 근본적인 동경과 추구가 사회나 관습 혹은 가문에 의해 설정되어 내려온 결혼에 맞세워져 있는 것이다. 그렇게 사랑에 빠진 사람에게 있어서는 가장 강력한 결속력을 보이는 여러 형태의 유대들, 심지어는 자기 부모의 집에 그를 묶어 놓는 그러한 것들조차 그 위력 앞에서 무색해질 수 있다는 말이다. 그러므로 두 인간 존재들을 서로 찾게 하고 서로에 속하게 하는, 그리고 창조물이라는 바로 그 사실로 하여 부여되고 또 그 사실에 바탕해 있는 이 신비로운 힘은 높은 가치를 부여받게 되는 것이다.

  마지막으로 누군가가 만일, 이 대목에서 인간 관계의 기본 형태인 남자와 여자의 관계가 어떻게 언급되고 있는가 하는 문제를 질문한다고 할 때, 이것은 인간 실존의 전체 영역에 관한 물음이라는 점이 강조되지 않으면 안될 것이다. 그것은 두 사람을 하나의 새로운 공동체로 형성하여 친밀하게 일치, 결합케 하는 저 근본적인 위력을 띠는 남자와 여자 상호간의 사랑으로 나타나는 것만이 아니다. 이러한 상호간의 사랑은 생활 공동체라고 하는 더 넓은 맥락에 놓여 있는 것으로서, 서로가 상대방을 위해 상호 도움을 베풀면서 살 수 있을 만큼 상대방과 어울리고 또 상대방에게 응답하는 것, 이것이 그 상호간의 사랑의 본질인 것이다. 남자와 여자의 공동체는 기본적인 틀에 있어서 고대 시기로까지 곧바로 거슬러올라가서 그 자취를 찾아볼 수가 있다. 실제로 이 공동체는 인간 실존의 전 과정에 걸쳐 오늘에까지 이어져 내려오고 있는데, 이것이야말로 그 과정 속에서 존속되도록 꾀해지고 있는 바로 그것인 것이다.

〈라〉

범 죄

전통적으로 "타락"이라고 일컬어지는 설화는 서구 문명권에서의 인간에 대한 이해와 관련하여 그리스도 교회는 물론 교회 밖에서도 역시 지극히 특출나면서도 아주 폭넓은 영향을 미쳐온 중요한 내용이다. 그렇기 때문에 "이 본문이 정말로 이야기하려고 하는 것은 무엇인가?" 하는 물음을 제기하는 사람은 누구나 극도로 조심스럽고 면밀한 태도를 취하지 않을 수 없게 된다. 우선 구약성서의 이 본문이 모든 것에 포괄적으로 작용하는 그러한 의미를 갖고 있지 않다는 사실이 무엇보다도 먼저 지적되어야 할 것이다. 이 대목은 구약성서 어디에도 인용되거나 암시된 적이 없다. 이것의 의미 또는 그 중요성은 시원 사건들에 한정되어 있을 따름인 것이다. 즉, 구약성서는 인간이 어떤 타락한 상태에 빠져들었다거나 그 순간 이래 인간은 "타락한 인간"이 되었다고 이야기하는 그와 같은 설화에 대해서는 전혀 알지 못한다는 사실이다.

〈1〉

명 령

이 설화는 동산에 있게 된 인간에게 명령이 내려지는 것으로 시작한다. 하지만 하느님은 이미, 인간에게 이 명령을 내리기 전에 동산에 있는 모든 나무에서 열매를 따 먹을 수 있도록 그를 완전히 자유롭게 해준다. 이를테면 "하느님은 인간에게 완전한 자유를 허락하는 것으로써 시작하신다는 것이다"(G. von Rad). 이와 같은 사실은 인간의 경우 아무런 결핍도 겪을 필요가 없음을 뜻한다. 그러므로 하느님의 명령은 전혀 그 어떤 박탈도 요하지 않는다. 그렇다면 그 명령의 의미는 무엇인가? 인간에게는 명령에 대해서 아무런 설명도 행해지지 않는다. 다만 한 가지, 이 명령은 인간을 죽음에서 보호하려는 의도에서 부여된 것(2, 17b)이라는 사실만이 덧붙여진다. 동산을 경작하고 지키라는 인간이 부여받은 사명은 지극히 합리적이고 이해 가능한 것이지만, 이 명령은 합리적이지가 않다. 한마디로, 이 명령에 귀기울여 복종할 가능성은 명령을 내린 존재에 귀기울여서 명령대로 준수하는 한에서 나타날 따름인 것이다. 인간에게 명령을 내리는 그분이 진심으로, 자신에게 이롭게 할 뜻을 갖고 있다는 확신이 설 때에야 비로소 그는 그 명령을 준수할 수 있게 될 것이다. 그러므로 이 명령은 명령을 내리는 존재와 어떤 구체적인 관계를 형성할 수 있는 가능성을 열어놓게 된다. 그리고 실제로 바로 이 점이 성서에 나타나는 여러 명령이 갖는 실질적인 의미이다. 명령을 통해서 무언가가 인간에게 위탁되었다. 한데 이 명령은 인간을 자유의 영역으로 이끌어들인다. 이는 동물들에서는 볼 수 없는 일이다. 인간은 이 명령을 통하여 자신에게 명령을 내리는 존재와 어떤 관계를 형성할 수 있게 되는 것으로서, 그는 이 길이든지 아니면 저 길이든지 둘 중에 어느 하나를 선택할 수 있는 처지에 놓이게 되는 것이다.

제관계 저술에는 추상적인 표현 방식으로 기술되어 있는 내용 — 하느님은 인간을 자신의 모습대로, 자신에 상응하게 창조하셨다. 이렇게 해서 하느님은 자신과 이 창조물 사이에 무언가가 발생할 수 있게 하신다 — 이 여기서는 설화 양식으로 진술되어 있다. 하느님과 인간 사이에 벌어질 그 어떤 것의 가능성이 이런 식으로, 즉 하느님이 인간에게 한 명령을 내리고, 이에 인간은 자유로이 그 명령에 대해 스스로가 관계를 설정할 수 있게 된다는 이와 같은 양상으로 나타나고 있는 것이다. 인간은 명령된 그것을 그대로 묵묵히 따를 수도 있고, 그것을 거부할 수도 있다. 그는 이 두 경우에 상응하게 자신에게 명령을 내리는 존재와의 사이에서 긍정적이거나 부정적인 관계에 스스로 들어서게 된다. 이와 같은 관계 형성의 자유는 오로지 이 명령으로부터만 발생할 따름이다. 이 명령이 없이는 그러한 자유는 있을 수가 없는 것이다.

이 저자는, 자유는 인간의 본질 바로 그것에 속한다고 말하고자 하는 의도를 갖고 있다. 또한 그는 인간이 인간으로서의 능력을 넓혀나가는 것은 바로 이 자유의 가능성 속에서라고 지적하고 싶어한다.

오늘 이 시대에는 전세계적으로 일체의 권위에 맞서는 경향이 나타나고 있다. 여기에는 우리가 도저히 피할 수 없는 어떤 것이 있는데, 즉 이러한 흐름을 역류시키려고 애쓰는 것은 무의미한 일일 수밖에 없는 것이다. 그보다는 오히려 이와 같은 해체

이후에 권위 구조들에 계속해서 남아 있게 될 것이 무엇인가를 묻는 것이 훨씬 더 중요한 일이다. 창조 이야기에서 의도된 바와 같이, 이 명령은 그것 원래의 의미를 그대로 지닌 채 언제나 존속될 것으로서, 이것은 인간의 본질에 속해 있는 것이다. 뿐만이 아니다. 어떤 한 명령에 직면해서 자신이 자유롭다는 사실을 인식하고 예와 아니오 둘 중의 어느 하나를 말함으로써 자신에게 그러한 명령을 내리는 존재에 대해서 관계를 맺어 나가는 것이야말로 또한 인간의 본질에 속한다. 이 점은 단순한 형태의 인간 관계들에 있어서도 지극히 명확하게 드러난다. 결혼한 당사자들이 서로를 완전한 자유 상태에 있게 함으로써 각자가 다른 상대방과의 관계에서 자신이 마음 내키는 대로 할 수 있을 경우, 이런 결혼은 의미가 없어진다. 우리는 그 어떤 형태의 교육이나 일체의 조직 내에서의 근무 계약에 대해서도 이와 동일한 말을 할 수 있을 것이다. 권위 구조들의 해체는 권위가 자체 내에서의 이유로 붕괴되는 그러한 특정한 영역들이 있다는 것을 뜻할 수 있을 따름이다. 특정한 영역에서 일에 있어서의 어떤 제한이 요구될 때, 이는 다만 기능적 측면에서, 다시 말해서 그 영역 내에서 삶의 조건들을 개선하는 데 입각해서만 시도될 수 있는 것이다. 창조 설화의 저자는 이 명령을 내리는 존재가 바로 하느님이라고 언급한다. 따라서 그는 이 명령은 생명이 생명의 기원을 두고 있는 거기에 기원을 두고 있다고 말하는 것이다. 그러면서도 동시에 여기에는 어떤 한 명령이 파악 불가능한 것이 될 수 있는 가능성은 언제나 그리고 어디서나 내재해 있음에 틀림없다는 사실이 분명하게 드러나 있다. 어떤 한 명령은 파악 불가능하거나 파악 불가능할 수가 있다. 따라서 이것은 오직 신뢰 속에서만 받아들여질 수 있을 뿐이다. 명령을 내리는 존재의 시각의 폭은 그 명령을 받는 자의 그것보다 훨씬 더 넓다는 것이 이 신뢰 속에서 받아들여지는 것이다.

　공동체를 이루고 사는 인간의 행위가 제한받을 수 있는 방식에는 기본적으로 세 가지가 있다. 금기(禁忌, taboo)와 명령(혹은 금지령)과 법이 그것이다. 이 각각은 일정한 제도적인 조건 속에서 형성되는데, 터부는 전(前) 개인적이고, 명령은 개인적이며, 법은 후(後) 개인적이다. 명령은 언어가 소통되는 곳에서 비로소 발해질 수가 있다. 명령을 내리는 자의 목소리는 명령을 내리기 위해 있는 것이지 않을 수 없다. 그리고 명령을 발하는 자에 대한 어떤 개인적인 관계가 없이는 명령도, 그 명령의 결과도 있을 수 없다. 또한 2인칭으로 발설되는 말도 이 명령과 불가분리적인 것이다. 한데 성서는 전혀 이 명령을 법에 종속시키거나 일련의 명령들을 법으로 기술할 수 있도록 해주는 아무런 근거도 제공하지 않는다. 명령은 본질적으로 법과는 전혀 다른 어떤 것인 것이다.

　창조 설화에 나타나는 그 명령은 완전히 긍정적인 의미를 띤다. 이것은 하느님에 대해 인간이 관계를 형성해 나가는 것과 관련하여 그에게 보여진 어떤 신뢰 행위이다. 이것은 인간을 자유롭게 결정할 수 있는 존재로서 진지하게 받아들이고 있는 것이고, 인간에게 충실성을 드러내보일 가능성을 열어주고 있는 것이다.

⟨2⟩

유혹, 악의 기원

구약성서 설화 중에서도 걸작에 속하는 이 대목(3,1-7)은 내용 그대로 알기 쉽게 해설을 시도한다고 하더라도 예외없이 불충분한 것으로 끝날 수밖에 없다. 후대에 가해진 그 어떤 설명보다도 이 이야기 자체가 훨씬 더 많은 것을 전하고 있는 것이다. 이 장면은 지극히 잘 완결된 형태를 띤다. 실제로 유혹을 전하는 이 대목 없이도 명령 위반 사건은 이야기로 전해질 수 있었다. 그러므로 우리는 여기서 설화자의 의도가 무엇이었는지를 꿰뚫어보게 되는데, 즉 그는 불이행을 한 인간적 상황으로 기술하고 싶어하는 것이다. 이미 언제나 불이행은 벌어져 왔고, 앞으로도 불이행은 벌어질 것이다. 우리는 불이행이 인간 실존의 한 영역에서 또 다른 영역에로 넘어가면서 나타나는 의미 변화를 추적해 볼 수가 있다. 다른 신들에 대한 불복종은 고대 이스라엘이 땅을 찾아 들어갈 당시에 그들에게서 중요한 역할을 한다. 어떤 특정한 경우들에는 불이행이 사적인 생활 영역에 끼어들기도 한다. 대중 전달 매체의 시대에 있어서 이러한 불이행은 경제, 정치 영역에서 상상하지도 못할 영향을 미칠 가능성들을 내포한다. 한데 이와 같은 상황을 드러내 주는 기본 구도가 창조 설화에 그려져 있는 것이다. 인간은 어떤 특정한 상황하에서 꾐에 빠져들 수 있는 그런 존재이다. 그리고 이러한 가능성을 이용할 수 있는 그 어떤 인간 역시 그런 처지에 놓여 있다. 불이행을 보일 수 있는 인간의 능력과 인간으로 하여금 불이행을 보이도록 원인을 제공하는 자의 의도 모두가 인간의 한계를 드러내 주는 것이다. 이것이 존재하는 그대로의 인간의 모습인 것으로서 윤리, 도덕이라든가 종교, 정치적 권력 그 어느 것도 이 상황을 달리 바꿔놓을 수가 없다.

이것이 이 구절들의 실질적인 의미이다. 그런데 우리가 전통적인 해석을 받아들여서 뱀에게서 사탄을 보게 되면서부터는 이 의미가 모호해지기 시작한다. 이 본문은 이 점에 대해서는 전혀 아무런 언급도 하지 않는다. 따라서 그런 식으로 접근할 경우 우리는 설화자가 여기서 하고자 하는 이야기의 요점을 놓치게 되고 만다. 그에 의하면 꾀를 지닌 뱀은 하느님의 한 창조물이요, 하느님 자신이 직접 인간을 불복종으로 이끌어가는 그 생물을 창조하셨다는 것이다. 이 역설이 갖는 위력은 결코 약화되어서는 안될 것이다. "불이행은 … 하느님이 창조한 모든 좋은 것 가운데 전혀 설명할 수 없는 어떤 것이다. 그것은 분명 수수께끼로 남겨질 수밖에 없을 것이다"(W. Zimmerli). 또한 이 설화자는 악의 기원에 대해서는 완전히 파헤치기가 불가능한 일이라는 점을 말하고 싶어하기도 한다. 악의 기원을 설명해 줄 원인론은 존재하지 않는 것이다.

최근의 여러 해석들 가운데서 시도된 뱀에 관한 새로운 신화적 설명에도 이와 같은 결정적인 사항이 포착되어 있지 않다. 이런 류의 해석에 따르면 뱀은 주술적인 어떤 것, 이를테면 생명의 짐승 또는 지혜의 짐승으로 나타난다는 것이다. 혹자는 뱀을 다산과 풍성한 수확을 비는 가나안의 여러 제의들의 상징으로 보면서, 따라서 이것이 생명을 약속해 주는 것이라고 말하기도 한다(Soggin). 그러나 이런 설명은 시원 사건의 경우 인류에 관해서 이야기하고 있다는 것과, 여기에는 여러 민족들이라든가 어떤 종교들로 구분지어진 상태가 전혀 전제되어 있지 않다는 핵심적인 사실을 놓치고 있는 것이다. 풍성한 수확과 다산을 비는 가나안의 제의에 관한 논란은 이 대목에는 전혀 끼어들 여지가 없다고 하겠다. 그리고 뱀이 이야기를 한다는 이 사실 역시 신화 이전 단계의 모티브이다. 이것은 동화에 자주 등장하는데, 우리는 여기서 이 사건은 현재 우리의 체험과는 다른 어떤 영역, 시원기에 속해 있다는 점을 지극히 분명하게 밝힐 필요가 있다.

이 자리에서 진술되고 있는 것은 확실히 어떤 구체적인 한 불이행이다. 뱀은 자신이 제시할 어떤 것을 갖고 있었는데, 그는 이렇게 말하였다. "너희가 하느님과 같이 되어 선과 악을 알게 될 것이다." "선과 악을 아는 지식"이 뜻하는 것이 무엇인가에 관해서는 아주 오래 동안 논란이 벌어져 왔다. 한데 사실상 그 설명은 지극히 간단하다. 즉, 이것은 인간에게 어떤 것이 유익하고 어떤 것이 해로운지를 아는 지식을 뜻하는 것이다. "선과 악을 아는 지식"이라는 표현은 포괄적인 표현이다. 이것은 인간의 실존을 좌우하는 것과 연관되어 있는 것으로서, 말하자면 이것은 넓은 의미에서의 지식을 의미한다. 이 지식은 어떤 것이 좋고 어떤 것이 나쁜지, 어떤 것이 인간 실존에 요청되는 것이고 어떤 것이 인간 실존에 해를 끼치는 것인지를 정확하게 판단하는 것으로 나타난다.

이제 비로소 뱀이 던진 유혹의 실질적인 의미가 분명하게 드러난다. 인간은 생명과 지식에 대한 강한 충동을 띤 존재로 창조되었다. 이것이 하느님에 대한 인간의 관계에 있어서 갈등을 야기하는 뿌리, 근원이다. 생명에 대한 인간의 충동은 인간이 나서 죽는 생명 주기에 의해 제한받는데, 이 주기는 죽음에 가 닿아 있는 것으로서, 여기서 벗어날 수 있는 길은 전혀 없다. 그러나 다른 가능성은 남아 있다. 즉, 인간은 지식에 대한 자신의 충동을 통해서 자신의 존재 자체를 뛰어넘고자 하는 것이다. 이 길은 인간에게 "하느님과 같이 되는" 가능성을 열어줄 것처럼 보였고, 유혹에서도 이 점이 내세워졌다. 이것이 유혹인 까닭은 지식에 대한, 모든 것을 포괄하는 지식에 대한 그 충동이 그 자체로 하느님께 반하는 것이기 때문이 아니다. 그렇다고 인간이 그러한 충동을 띤 존재로 창조되었기 때문에 그런 것도 아니다. 그것이 유혹일 수 있는 가능성은 인간이 지식을 붙좇는 자신의 충동으로 하여 자신의 한계들을 넘어서거나 그렇게 넘어서려고 애쓸 때 하느님과 인간 사이의 합당한 관계가 방해받거나 파괴당하는 여기에 놓여 있는 것이다. 유혹 설화는 이 점을 탁월한 방식으로 밝히 드러내 주고 있다. 인간은 하느님의 명령을 어김으로써 하느님과의 관계에 있어서 바로 자기 자신을 보호하는 구실을 하는 그 한계를 넘어선 것인데, 이렇게 자신의 한계를 넘어서면서 인간은 자신의 준거(準據)들을 상실하고 만다.

여자가 보았을 때, "슬기로워지기 위해서도 그 나무가 탐스러웠다." 이 구절은 앞의 대목에 나오는 선과 악을 아는 지식과 동일한 의미를 띠었다. 여자는 슬기로워지기 위해서 하느님께 대한 자신의 신뢰 관계로부터 떨어져 나간다. 그녀는 이제 더 이상 인간에게 명령을 내리는 분으로서 바로 그 순간까지도 그녀가 실존하도록 해주고 지켜준 그분의 그 명령에 귀기울이지 않는다. 이제 그녀에게는 슬기로워지는 것이 더 중요한 일이었고, 이에 그녀는 그 명령을 어기게 된다.

여자는 명령을 어기도록 끌러들었다. 하지만 남자는 그러지 않을 수도 있었다. 그러나 그는 간단히 동의하고 만다. 설화자는 여기서 잘못을 행하는 데 연루되는 또 다른 방식, 즉 단순 공모를 보여준다. 이렇게 해서 인간의 또 다른 면이 드러나게 된다. 즉, 그는 결정을 내릴 수 있는 처지에서 너무도 쉽게 자신이 결정을 내리기를 회피한 채 다른 이로 하여금 대신 자신을 위한 결정을 내리도록 허용하고 있는 것이다. 설화자는 인간 공동체의 긍정적인 면을 보여주고 나서 이번에는 그 부정적인 면을 보여주고 있다. 그는 여기서 사회적 관성 능률이라고 표현할 수도 있는, 공동체 내에서 나타나는 추종 현상을 지적하고 있다고 하겠다. 대세에 따라 움직이는 사람은 대개가 해를 끼치는 형이 못된다. 그런 사람은 꾈 자질도 그럴 정력도 없다. 또한 옛것을 고수할 수 있는 힘 — 어떤 힘이 있는 사람만이 상대에게 유혹을 시도하도록 만드는 것인데 — 을 갖고 있는 것도 아니다. 이렇게 한 개인이 다른 사람들을 따라가게 만드는 사회적인 나태와 더불어서 이와 같은 순응이 종국에 가서 야기시킬 결과에 대해 질문을 던지지 못하도록 차단하는 그런 류의 나태도 있다.

그러나 여기서의 유혹은 역설적이기는 하지만 긍정적인 어떤 것도 내포하고 있다. 인간이 금지된 열매를 먹지만 그는 죽지 않는다. 인간의 눈은 실제로 열려졌고, 전에는 알지 못했던 어떤 것을 알게 된다. 전체 설화 가운데서 이 부분은 인간에 대한 심오한 지식을 드러내 보여준다. 저자는 명령을 어긴 행위, 인간을 위해서 설정되었던 한계를 넘어선 행위가, 설령 이것이 비난받아 마땅하고 죽음에 이르게 하는 것이라고 하더라도, 인간에게 그가 전에는 전혀 갖고 있지 않았던 한 통찰을 얻게 해주고 있다는 사실을 파악하고 있는 것이다. 여기에 이르러서야 우리는 비로소 죄의 힘에 대해서 실제로 진지하게 받아들일 수가 있게 된다.

⟨3⟩

부끄러움

그들은 자기네가 알몸 상태라는 것을 의식하게 되었고, 이에 자신들을 싸서 가리기 위해 앞가리개(두렁이)를 만들었다. 이 대목 서두에서 우리는 다음과 같은 진술을 볼 수 있었다. "그들은 알몸이었고 그리고 그들은 서로 부끄러워하지 않았다"(2, 25). 그런데 지금 그들은 부끄러워하고 있다. 그들은 뱀이 그들에게 약속한 그대로 무언가를 인지하고 무언가를 이해하게 되었다. 그들은 이제 그들이 알게 된 상황에서 무언가를 해야 할 입장에 놓이게 된다. 그들은 확실히 무언가 좀더 배웠다. 이 점은 의문의 여지가 없다. 부끄러운 상황에서 그 새로운 것이 무엇인지가 드러난다. 한 해석자(F. Delitzsch)는 이렇게 설명한다. "부끄러움은 죄와 범죄 행위하고 상관 관계에 있다." 다른 한 사람(O. Procksch)은 이렇게 지적한다. "부끄러움에 대한 체험 속에서 성의 비밀을 발견한 것은 죄의 한 결과이다." 하지만 부끄러움에 대한 이러한 설명들은 지나치게 일방적인 면을 보인다. 부끄러움은 원래 어느 한 개인에게 영향을 미친 어떤 것이 아니라 둘에게 함께 영향을 미쳤던 것이다. 즉, 그들이 부끄러워했다는 것은 서로가 서로의 면전에서 부끄러워했다는 뜻인 것이다. 부끄러움은 한 잘못에 대한 반응일 수 있다. 그러나 이것이 정말로 핵심인 것은 아니다. 부끄러움은 가면을 벗는, 혹은 다른 존재에 의해 가면이 벗겨지는 데 대한 반응이다. 이것은 윤리적으로 양면적인 성격을 띤다. 예를 들면, 부끄러움은 한 인물이 공개적으로 예찬받을 때 발생할 수 있다. 이 양면성은 한편으로는 부끄러움의 결핍이 완전히 비난의 여지가 없는 상태를 가리킬 수가 있고(2, 25에서와 같이), 다른 한편으로는 "부끄러움을 모른다"든가 "뻔뻔스럽다"는 것이 부정적인 술어가 되는 그러한 상황에서 드러난다. 또한 부끄러움은 이것이 잘못된 족적에 대한 반응을 가리킬 때는 어떤 긍정적인 의미를 띠기도 한다. "복되어라, 잘못된 걸음걸음이여. 우리에게 부끄러움을 남겨주는도다"(G. Bernanos)라는 말을 우리는 이런 맥락에서 이해할 수 있을 것이다. 이것은 우리를 죄에서 돌아서게 해주는 데에도 역시 효과적일 수 있다.

하느님의 명령을 어긴 인간이 느낀 부끄러움은 양면성을 띤다. 부끄러움은 인간이 이전에는 지니고 있던 어떤 것을 잃었다는 것을 드러내 준다. 뿐만 아니라 인간이 실패한 것이 있다는 것을, 그리고 무언가 옳지 않은 것이 있다는 것을 드러내 준다. 그러나 이와 동시에 인간은 자신들이 계속해서 알몸으로 있는 것이 옳지 않다는 사실과 자신이 이에 대한 처방을 해낼 수 있다는 사실을 알게 된다. 인간은 확실히 슬기로워졌다. 그러나 이렇게 되기 위해서 그 자신이 갖고 있던 것을 잃음으로써 상당한 대가를 치러야 했던 것이다.

⟨4⟩

"아담아, 너 어디 있느냐?"

인간이 잃은 것이 무엇인지는 하느님과 만남으로써 비로소 분명해진다. 하느님과의 대면을 통하여 비로소 그것은 하느님을 거스른 범죄, 죄로서 드러나게 된다. 한데 여기서 기술되고 있는 사건, 즉 하느님에 의해 가해지는 법적인 절차와 벌은 실제로 발생했던 것이 아니었다는 점은 분명하게 짚고 넘어가야 할 것이다. 설화자는 이 맥락에서 우리의 경험적인 영역을 넘어가는 어떤 한 시원 사건에 관해서 이야기하고 있다. 그러므로 우리는 저자가 이 설화 속에서 의도하는 것이 무엇인가를 묻지 않으면 안된다. 이 대목에서와 같은 법적 절차 — 이것은 하느님에 의해 주도되는데, 그 귀결로써 하느님은 벌을 선고하신다 — 는 구약성서 중에서 오직 이곳과, 카인과 아벨 이야기가 전해지는 다음 장에서만 나타난다. 이 두 경우 모두 범죄 그 자체로부터 직접 어떤 한 결과가 나타나고(4장에서는 땅에서 부르짖는 피의 외침이 그것이다), 그러고 나서야 비로소 재판 절차상의 개인적인 대면이 시작된다. 설화자는 한 죄악이 가져온 영향에 관하여 설명하면서 인간 역사에 있어서의 두 단계에 대해 지적한다. 그 전단계에서는 사악한 행위가 그것이 지닌 바로 그 본성으로 하여 악행을 한 자에게 비참한 결과들을 가져다준다. 이를테면 주술적인 심성, 즉 그 "결과를 필연적인 것으로 여기는 심성"(K. Koch)에 바탕해 있는 한 관념을 불러일으키고 있는 것인데, 이 대목에서는 금지된 열매를 먹는 것이 인간에게 어떤 한 구체적인 변이를 야기시킬 때 바로 이 단계에 대해서 언급하고 있는 것이다. 그리고 나서 어떤 한 결과를 필연적인 것으로 여기는 심성 대신에 인간과 인간 사이에서와 마찬가지로 하느님과 인간 간의 재판과 관련하여 개인적인 대면이 나타난다. 우리는 여기서 또다시 창조자와 창조에 관한 성찰이 인류 역사에 있어서의 발전에 대한 이해를 포괄할 수 있다는 사실을 보게 된다. 아무튼 이 개인적인 법적 절차는 여기서 하느님에 의해 제기된 소송과 심판으로 진술되어 있다.

그 절차는 하느님이 등장하면서 시작된다. 이런 전제 상황하에서 얼굴을 마주 대한 상태에서의 대화가 가능해진다. 이것은 법적 절차에 필수적인 요건이다. 그런데 인간은 이로부터 피해 자기 몸을 숨긴다. 그 모든 변화와 변천에도 불구하고 오늘 이 시대에 이르기까지 법적 절차는 두려움을 불러일으키는 어떤 면을 갖고 있다. 지금까지 알려진 그 모든 다양한 형태의 사회들 속에서 인간이 함께 사는 한, 그와 같은 절차는 어디서나 필요하다. 결국 우리는 이를 통해서 이 설화가 삶의 진실을 드러내 주고 있음을 확인할 수가 있다. 인간은 그런 존재이고, 따라서 이러한 절차는 필수불가결하게 있을 수밖에 없는 것이다.

인간이 자기가 행한 것이 무엇인지를 분명하게 밝히기 위해서 이름을 들어 그를 부르는 것은 당연히 요청되는 일이다. 모든 법적 절차에서와 같이 사건들의 순서가 재구성된다. 일련의 물음과 답변들을 통해서 어떤 일이 벌어졌는지가 드러난다. 여기에서도 예언서 작품에 나타나는 것과 동일한 과정이 행해진다. 즉, 하느님이 벌을 주거나 심판을 내리시는 그 절차가 모든 사람이 볼 수 있는 방식으로 펼쳐진다. 설화자는 남자와 여자에게 향해진 물음에 의하여 단순하고도 기본적인 책임의 의미를 강조하고 있다. 인간은 자기가 행한 것에 대해서 구체적인 답변을 제시해야 하는 것이다(뱀한테는 결코 물음이 제기되지 않는다). 관념적이면서 개인주의적인 윤리는 이러한 책임 대신 혹은 그 책임 위에 양심을 자리잡게 한다. 하지만 이와 같은 역할의 전도는 참된 명료성을 해칠 우려가 있다. 양심은 개인에 있어서 그리고 개인에 대한 자기 자신의 이해에 있어서 매우 중요할 수 있다. 그러나 한 공동체 내에서 질서와 자유와 관련한 균형을 유지하기 위해서는 양심에 호소하는 것만으로는 부족하다. 양심은 결코 책임을 대치할 수 있는 것이 못되는 것이다.

"양심"이란 말은 특수하게 성서적인 개념이라고 할 수는 없다. 이 개념은 신약성서에서 단지 극히 제한적으로 나타날 따름이다. 구약성서 어휘 중에는 더 이른 시기의 언어들에서와 마찬가지로 이 말이 전혀 보이지 않는다. 이 개념은 개인화 현상이 일정한 단계로까지 진전되고 나서야 형성되었던 것이다. 우리는 이렇게 말할 때가 있다. "당신은 당신 자신의 양심을 걸고 그 일에 대한 책임을 져야 하오." 이럴 때, 이 지극히 주목할 만한 표현 형태는 결코 책임이 양심에 의해 대치(代置)되거나 대리될 수 없다는 사실을 보여준다. 그런데 책임의 실질적인 기능이 "어떤 책임감"으로 뒤바뀌어질 때, 우리의 언어는 개인화하는 경향을 그대로 드러낸다. 하지만 책임감은 언제나 부차적인 것일 수 있을 따름이다. 실질적인 책임은 이 설화에서와 똑같이 작용한다. 즉, 인간은 자기 행위에 대해 질문을 받고, 이에 대해 답변을 해야만 하는 것이다. 이 대목의 첫머리에 보이는 물음도 이와 동일한 의미를 갖고 있다. 인간은 자기 몸을 숨기지만, 하느님은 묻는다, "너 어디에 있느냐?" 그렇지만 인간의 행위에 대한 이 물음은 바로 그의 존재 자체까지 가 닿는다. 설화자는 이 단순한 필치로 몸을 숨긴 인간을 하느님이 뒤쫓는다는 사실을 전하고 있다. 이 물음이 제기되면서 재판과 벌이 끝어들여지는데, 이 절차의 전 과정이 인간에게 해가 되는 쪽으로가 아니라 좋은 쪽으로 움직여가고 있다는 것은 지극히 분명한사실이다. 인간이 자기 행위에 대한 책임을 지도록 요청받을때, 그는 실제로 진지하게 인간으로서 받아들여지고 있는 것이다. 인간이 부족을 보이고는 도망가서 몸을 숨기는데도 불구하고 창조자가 그를 뒤쫓아가서 그에게 물음을 던질 때, 그분은자신의 창조물을 돌보고 계시는 것이다. 성서가 하느님을 심판자로 이야기할 때 여기에는 언제나 이와 같은 물음이 함축되어있는 것으로서, 책임이 없는 인간은 하느님이 의도한 그런 인간은 이미 아니다.

설화는 죄 속에서 하느님과 대면한 처지에 놓인 인간이 그래도 또 다른 한 자유의 영역을 여전히 소유하고 있음을 아는 상황을 전할 때 역시, 그는 자신을 방어할 수가 있는 것이다, 지금까지와 같은 사고 노선을 계속 유지하고 있다. 해석자들이 이 방어 — 이것은 죄를 범한 자들의 권리에 속한다 — 를 죄를 모면하고자 하는 시도로서 기술할 경우, 그들은 이 문제를 제대로파악하지 못할 것이다. 오히려 인간이 자신을 방어하면서 주장하는 것이 옳다는 점이 인정되지 않으면 안된다. 설화자는 깊은통찰을 보이면서 그가 제시하고 있는 하느님을 거스르는 죄가매우 복잡하다는 것을 강조한다. 기실 법적인 절차는 고발당한사람이 그 사건에 대한 자신의 견해를 표명할 수 있다는 데에그 의미가 있다. 남자가 감히 하느님한테 반감을 토로하면서 —"당신이 나와 함께 살라고 주신 이 여자(인)가 …" — 스스로를방어하는데, 이는 또한 참으로 인간적인 것인 동시에 명백한 한방어 수단이다. 이것은 구약성서에서 하느님에 대한 관계에 있어서 한 중요한 역할을 수행하는 "하느님의 재판 모티브"의 흔적을 보여주고 있기도 하다. 그러나 이 과정을 통해서 변화된 것은 아무것도 없다. 즉, 유죄 선고와 그에 따른 벌이 취소될 수 없었다. 또한 하느님이 그를 책임에로 불러세우실 때 하느님 앞에 있는 자는 분명히 죄책감에 사로잡혀 뉘우치며 주저앉은 한 죄인이 아니라 자유로운 한 인간인 것인데, 이는 확실히 전통적인 해석에 배치된다. 뿐만 아니라 죄 지은 인간(아담)은 참으로 이 말의 온전한 의미에서 인간으로서 하느님 앞에 서 있다. 하느님은 죄 지은 인간을 그의 인간적 실존의 모든 측면과 관련하여 진지하게 받아들여주고 계시는 것이다.

이어서 여자도 질문을 당하는데, 그녀에 있어서도 같은 사태가 벌어진다. 여자는 그 탓을 뱀한테로 돌려서 뱀에다가 죄를 전가시킨다. 그러나 뱀은 질문을 당하지 않는다. 사실 여기서는, 발생한 사건의 실제적인 원인이 분명하게 밝혀지지 않는다. 결국 악의 기원이 설명될 수가 없는 것이다. 우리는 이 대목에서 인간 자신의 행위에 대해서 스스로 가지게 되는 책임의 심오한 의미를 보게 된다. 인간은 설명할 수 없는 어떤 것에 대해서도 책임을 져야 하는 존재이다. 인간은 악의 실재와 더불어 살지 않을 수 없는 처지에 놓여 있다. 이것은 설명될 수 없을 뿐만 아니라 제거될 수도 없다. 인간은 악의 실재에 대해서 책임이 물어질 수가 없다. 하지만 그럼에도 인간은 자신이 행하는 그것에 대해 책임을 지지 않으면 안되는 그러한 존재이다.

⟨5⟩

인간과 인간의 한계들

더 오래된 설화 형태에서의 경우 벌은 오로지 인간이 동산으로부터 추방되는 것으로 나타난다(20-24절). 이것이 그 죄에 상응하는 유일한 벌이다. 뱀과 여자와 남자에 대한 벌의 선고(14-19절)는 사실상 설명을 전개하는 기능을 가진다. 이것은 단지, 하느님의 현존 밖으로 쫓겨나는 것이 인간에게 있어서 의미하는 것이 무엇인지를 개진해 놓았을 따름이다. 실제로 이 내용들은 벌이 아니다. 이것들은 단순히 하느님으로부터 분리되어서 단절된 인간의 실질적인 상태를 기술하고 있는 것이다. 이 세부 묘사는 무엇보다도 인간이 겪는 고난의 토대에 자리잡고 있는 인간의 한계가 인간에 대한 이해의 토대로서 받아들여져야만 한다는 점을 강조한다. 인간을 오직 건강하고 역동성으로 충만해 있으며 더 나아지고자 분투하고 진보를 이루는 자로 보는 그와 같은 인간 이해는 비실제적인 이해이다. 하지만 인간을 순전히 죄와 용서의 관점에서 보려는 것도 마찬가지로 비실제적이다. 고난은 언제나 있어 왔고, 앞으로도 내내 인간 실존의 일부로서 자리할 것이다. 인간은 사실상, 고난과 죽음이라고 하는 한계들을 도외시하고서는 한 창조물로서 이해될 수가 없다. 그렇지만 뱀 역시 인간과 함께 벌을 받게 되는데, 이는 곧 인간과 창조의 결과 나타난 인간 이외의 다른 창조물들이 "모든 창조계의 신음" 속에 들어서 있는 것으로 파악되는, 한 공동의 관계에로 이끌려들여진 것을 드러내 주는 표지이다.

벌을 선고하는 양식이 주목스럽다. 이 대목의 경우 일종의 저주문 형태로 구성되고 있다. 저주는 벌과는 전혀 다른 어떤 것이다. 행위와 그 결과들 하고 유죄 선고간에 뚜렷한 구분이 있는 것과 마찬가지로 저주와 벌간에도 명백한 구분이 지어진다. 설화자는 인류의 역사 과정에 있어서 저주가 벌에 앞서 실재했다는 점을 명시하고 있다. 또는 그는 뱀이 저주를 받는 단계와 남자와 여자가 저주를 받지 않(고 처벌을 받)는 서로 다른 관계들을 드러내 주고 있다. 저주는 사물과 짐승과 인간 사이에 아직 뚜렷한 구분이 없는 주술적인 심성에 그 기원을 둔다. 이와 같은 저주는 후대에 와서 개인적으로 합당하게 선고되는 벌로 대치되었다. 그렇지만 여기에는 초기의 저주 단계가 아직까지 보존되어 있는 상황이다.

뱀에 대한 저주 선언은 직접화법으로 표현되어 있다. 이것은 저주의 옛 형태를 그대로 보존하고 있다. 또한 더 이전 단계의 민간 전승을 내포하고 있기도 하다. 뱀의 별난 생김새와 뱀이 움직이는 방식이 이것한테 선언된 저주에 의해 설명되고 있다. 그리고 마찬가지로 두번째의 선언에서는 인간과 뱀 사이의 항구한 싸움이 설명되어 있다. 동물들의 유다른 특질들을 설명하는 이 이야기들과 같은 설화들은 세계 전역에 걸쳐서 찾아볼 수 있다. 이 설화들 속에는 아주 일찍부터 몰두되었던 동물들에 대한 강한 관심이 드러나 있다. 하지만 그 관심은 지극히 과학 이전의 단계에 속하는 그런 것이다. 아무튼 이 설화들은 단순, 소박한 수준을 벗어나지 못하고 있음에도 불구하고 동물들에 대한 관심을 입증해 주는 증거인 것으로서, 이는 인간과 다른 창조물들간의 접촉점을 모색하는 시도이다. 창세기 3장의 설화 역시 이러한 관심에다가 더 예리한 관점을 부여해 준다. 즉, 이 저자는 전장(2, 19-20)에서 동물들이 인간에 의해 명명됨으로써 인간들의 세계에서 이것들이 차지하는 분명한 위치에 관하여 진술하였다. 한데 여기서 그는 한 종류의 동물을 구별지어 이야기를 전개한다. 그리고 이 대목에서 함축적으로 언급되어 있는, 고통을 겪으리라는 사실은 인간에게만 제한된 것이 아니다. 이는 창조로 인해 나타난 창조물 전체에 해당하는 것인 까닭이다.

창조물들이 고통을 겪음에 대한 이 함축적인 언급은 우리가 "그는 너의 머리를 짓밟을 것이요, 너는 그의 발뒤꿈치를 물려 하리라"라는 구절에서 그리스도(혹은 마리아)에 관한 예언, 말하자면 맨 첫 복음(Protoevangelium)을 읽으내려고 할 경우에는(루터), 여지없이 잘못 이해되고 만다. 이러한 설명은 "자손"이라는 말에 대한 해석을 그르친다. 실제로 하느님이 원수 관계를 맺어준 인간과 뱀의 "자손"은 어떤 개인이 아니라 오로지 일련의 후손들 전체를 가리킬 따름인 것이다. 하지만 이것은 구약성서의 각 구절구절을 그리스도론적 의미에서 해석하려는 열정이 사실상 엄청난 손실을 야기시켰던 많은 예들 중의 하나에 불과하다. 이런 열정에 사로잡혀서는 해석하고자 하는 그 구절의 원래 의미에 대해서 더 이상 깊은 주의가 기울여지지 않기 때문에 그와 같은 치명적인 결과가 빚어지는 것이었다.

남자와 여자에 대한 벌의 선고는 하나같이 한계를 드러내는 그들의 실존의 실상을 기술하고 있다. 이렇게 하여 저자는 남자와 여자를 능력과 한계들을 동시에 띤 창조물들이자 하느님에 의해 각각이 서로를 향하도록 동시에 운명지어진 창조물들로서 그려내는 데 성공하고 있다. 그는 또한 두 성간의 차이에 대한 고려 없이 남자를 규정하려고 드는 남자에 대한 일체의 이해는 물론이고, 한편에서는 그의 능력에 대해서 그리고 또 한편에서는 그의 한계들에 대해서 지나치게 역점을 두려고 하는 남자에 대한 일면적인 이해 역시 먼저 보여주고 있다. 이 구절들은 실제로, 미래를 내다보면서 어떤 것을 설정해 놓은 규범들이 아니라, 당대에 이해되었던 그대로의 남자와 여자의 바로 그 실존이 안고 있던 한계들에 대한 기술로서, 이 점은 반드시 명기되어야 할 것이다. 이 구절들의 목적은 어떤 것을 규정해 주는 데 있지 않고 (원인론적으로) 설명하는 데 있는 것이다.

여자에 대한 벌의 선고에서는, 남편에 대한 여자의 갈망과 여자에 대한 남자의 지배가 대립상을 보이고 있는 한에는 남편에 대한 여자의 관계에 있어서의 어려움과 고통들은 물론이고, 임신과 출산에 있어서의 그것들에 대해서도 주의가 기울여지고 있다. 영원히 타당한 규범이 선언될 수 없다는 것은 명약관화한 일이다. 이를테면 여기서는 당대에 이해되었던 여자의 삶의 몫에 관한 문제가 다루어져 있는 것으로서, 이에 우리는 자유롭게 다음과 같은 물음을 제기할 수 있을 것이다. 이것은 과연 오늘 이 시대의 우리에게 있어서 어느 정도로 계속 타당성을 갖고 있는가? 무엇보다도 먼저 우리는 여기서 일종의 법을, 즉 자녀 출산에 있어서 여자들이 고통을 겪어야 한다고 규정하고, 따라서 의학에 의한 일체의 고통의 완화가 금해져 있는 어떤 법을 보도록 허용되어 있지 않다는 것을 지적할 수 있을 것이다. 이는 위험을 초래할 이해일 수 있는 것이다. 반면에 다음과 같은 사실 역시 분명하게 지적되어야 할 것인데, 즉 이 대목에는 모든 사회학적·의학적 변화에도 불구하고 계속해서 그 타당성을 유지하는 것으로서 여자의 저 실존에 속한 어떤 것이 담겨 있다는 점이다. 수태와 임신과 출산, 아기가 존재하기 시작하는 그 순간부터 아기가 어머니로부터 결정적으로 분리되는 그 순간에 이르기까지의 전 과정이 여자의 삶에 속한다는 것이 그것이다.

남자에 대한 여자의 관계와 관련하여 언급된 내용 — 너는 너의 남편(사내)을 못내 갈망(사모)하리라 — 은 일차적으로 남성들에 속해 있는 어떤 것이고, 이 진술은 남자와 여자의 신체적인 구조에 그 토대를 두고 있다. 그렇지만 남자에 의한 지배, 곧 남자에 대한 여자의 복종은 변화될 수 있는 어떤 한 사회적인 현상이다. 결국 우리는 여기서 생리학적으로 조건지어진 불변적인 요소와 사회학적으로 조건지어지는 가변적인 요소간의 구분에 각별한 주의를 기울이지 않으면 안되는 것이다. 이 구절은 우리가 남자와 여자의 권리들의 평등을 충분히 받아들인다고 하더라도 변함없이 설득력을 갖고 있다. 뱀과 여자와 남자에게 각각 가해진 벌과 선고가 그 어떤 규범들을 설정하는 것이라기 보다는 이 저자가 직면해 있던 당시의 상황을 설명하려는 의도를 띠고 있다는 점을 감안할 때, 남자가 여자의 주인이 되어야 한다고 진술하는 이 구절은 당연히 영원히 타당한 어떤 한 규범으로 간주되어서는 결코 안된다. 이 구절은 그 당시의 삶을 있는 그대로 기술하고 있을 따름인 까닭이다. 또한 이 구절은 오늘 이 시대에 남자와 여자의 권리들의 평등을 반박하기 위한 논거로 내세워져서도 안된다. 그렇지만 이 구절이 오늘의 우리에게는 이야기해 줄 수 있는 것이 아무것도 없는 것으로 보아 전혀 도외시하는 것은 너무 성급한 일이지 않을 수 없다. 남자와 여자간의 생리학적인 차이들은 예외없이 사회적인 영향들을 미칠 것이다. 비록 그 영향들이 시대에 따라 변할 수는 있다고 하더라도 말이다. 권리들의 평등과 관련하여 드러나는 요즘의 영향이 이 점을 잘 보여주고 있다. 그러나 한 가지 분명히 언급되어야 할 것이 있다. 즉, 권리들의 평등에도 불구하고 남자는 여전히 여자에게 결혼을 청한다는 사실이 그것이다. 이와 관련하여 상당히 많은 것들이 언급될 수 있을 것이다. 하지만 일차적이고도 본질적인 것은 남자와 여자는 차이를 띠고 있고, 이 차이는 남자와 여자가 평등한 권리를 갖고 함께 살 때도 역시 그 영향들을 나타낼 수밖에 없다는 점이다. 이 구절들에서 여자의 삶의 어려움에 관하여 언급되고 있는 내용은 일체의 사회적인 변화들 속에서 진지하게 받아들여지지 않으면 안될 것이다.

남자에 대한 벌의 선고는 일의 어려움에 관하여 언급한다. 이것은 그대로 여자의 일에 대해서도 적용될 수 있다. 여기서 저자는 간명하게 남자의 삶에 있어 전형적인 것을 여자의 삶에 있어 전형적인 것과 병치(幷置)시키고 있는 것이다. 이 선고는 전승 과정을 거치면서 발전되어 온 형태를 띠고 있다. 더 이전 단계의 더 단순한 형태는 다음과 같았을 것이다.

> 땅은 네 탓으로 저주를 받았다,
> 땅이 네게는 가시덤불과 엉겅퀴를 자라나게 하리라,
> 너는 네 이마에 땀을 흘려야 빵을 먹을 수 있을 것이요,
> 이렇게 하기를 네가 흙으로 돌아갈 때까지 하리니,
> 이는 네가 흙으로써 이루어진 까닭이다.

헤르만 궁켈은 이 말들을 "인간의 삶과 농경에 대한 극히 비관적인 견해"로 이해하였고, 이에 대해서 많은 추종자들이 있었다. 그러나 이것은 이 설화가 의도하는 그 의미가 아니다. 이 설화의 의도는 지극히 주목할 만한 사실을 기술하는 데 놓여 있는데, 즉 인간의 일은 언제나 어떤 식으로든지 수고와 노력에 결부되어 있다는 것이다. 모든 일의 영역에는 그 자체의 가시덤불과 엉겅퀴들 — 이것들은 결코 모면될 수가 없다 — 이 돌출되어 있고, 가치있는 일체의 성취에는 땀이 요구되는 것이다. 한데 이 사실을 인정하고 받아들이는 것은 전혀 비관주의와 아무 상관이 없다. 일을 일체의 위험스러운 이상론화(理想論化)로부터 보호해 내는 것은 실로 냉철한 사실주의이다. 우리는 공장

들과 경작 분야에 있어서, 그리고 가정 주부들을 위해서도 그렇고, 다른 많은 분야에서도 역시 인간의 부담을 상당히 경감시켜 준 과학 기술의 진보를 고맙게 받아들여야 할 것이다. 하지만 그렇다고 해서 이러한 성취가 진지하고 열렬하게 기도(企圖)되는 모든 일에서 가치로운 결과들이 산출되기까지 가시덤불과 엉겅퀴와 땀이라고 하는 어려움이 따르리라는 이 엄연한 사실을 바꿔놓지는 못한다. 언론인의 일이 되었든 학자, 기술자, 경영자의 그것이 되었든 실질적인 기쁨을 가져다주는 일체의 일 가운데서 과연 그 과정에서 맞닥뜨리게 될 어려움이나 극복되어야 할 장애가 없는 그런 일이 있겠는가?

성서가 인간의 일과 관련하여 여기서 이야기하는 바를 충분히 납득할 때 비로소 우리는 창세기 2, 15의 일에 대한 사명을 올바로 파악할 수 있을 것이다. 또한 그때 가서야 비로소 저 가시덤불과 엉겅퀴들에도 불구하고 노동이 생산적일 수 있다는 사실을 기쁨으로 받아들일 수 있게 될 것이다.

"이렇게 하기를 네가 흙으로 돌아갈 때까지 하리니, 이는 네가 흙으로써 이루어진 까닭이다"라는 맺음구는 죽음이 일종의 벌이라는 것을 뜻하지 않는다. 이 말마디들은 일의 곤고로움에 어떤 한계를 설정해 주고 있다. 인간이 흙으로 되돌아감으로써 흙으로부터 창조되면서 시작되었던 자신의 실존의 주기가 끝을 맺는다. 여기에 암시되어 있는 것은 인간이 그의 일보다 더한 존재라는 것, 인간은 그 속에 매몰되어서는 안된다는 것이다. 인간은 모든 것에 있어서 자신의 실존 주기에 속해 있는 한 창조물이다. 결국 여기서는 인간이 활동에 파묻혀 허둥대다가 촉박하게 죽음에 당도할 것이 아니라 일로부터 휴식을 취할 수 있도록 그 일을 젖혀놓을 수 있을 것이 기대되고 있는 것이다.

⟨6⟩

동산으로부터의 추방

이 설화의 실질적인 목표는 동산으로부터의 추방에 놓여 있다. 이것이 하느님의 명령을 어긴 것에 대한 본래의, 그리고 실질적인 벌이다. 남자와 여자의 전 실존이 이것에 의해 영향을 받는다. 이 설화는 하느님이 창조물 인간을 동산에 데려다 놓으시는 것으로 시작되었다. 그런데 이제 인간이 그 동산을 쫓겨나는 것으로 이것이 끝나고 있다. 설화자의 의도는 인간의 지상 실존을 헤아려 보는 데 있다. 즉, 그에 의하면 인간은 한 창조물로 존재한다는 것의 의미 일체를, 곧 오류를 범할 수 있는 한계들은 물론 감추인 잠재력과 죽음에서 끝나는 삶 일체를 체험하는 한 창조물이라는 것이다. 인간의 지상 실존은 하느님이 계시지 않는 곳에서 자신을 맞닥뜨리게 되면서, 또한 자신이 한 창조물이라는 것과 하느님이 자신의 창조자이시라는 것을 동시에 자각하면서 시작되고 있다.

동산으로부터의 추방은 인간이 하느님을 실제로 멀리 떨어져 계시는 분으로서 체험한다는 것을 뜻한다. 이 설화는 공간적인 분리를 이야기한다. 이것은 시편 작가가 다음과 같이 토로하듯이 고난과 죄의 현실 속에 부재하시는 하느님에 대한 실질적인 체험을 의미한다. "당신은 어찌 멀리 떨어져 계시옵니까?" 이것은 존 스타인벡의 소설 〈에덴의 동쪽〉에서 묘사되는 체험과 유사한 어떤 것이다. 창조 설화는 인간 실존의 본질에 속하는 것으로서 체험되고 인식되는 어떤 것을 기술하고 있다. 이것은 원래는 독립적인 것이었던 두 설화들이 하나로 결합된 것이다. 그 결과 인간의 근본적인 체험 두 가지가 하나의 이야기로 압축되어서는, 한목소리로 하느님의 보호 속에 영위하는 삶과 하느님의 축복과 그분에 의한 버림받음, 삶과 죽음의 의미와 부조리, "예"와 "아니오"를 이야기하고 있다.

동산으로부터의 추방 이야기는 삶에 우선권을 부여하는 두 구절과 연결된다. 남자는 그의 아내에게 하와(Hawwah, Eva)라는 이름을 붙여준다. 그리고 이 이름은 "산 이〔生者〕의 어머니"라는 뜻을 가진다고 설명된다. 이 문장은 원래 첫 아들의 출생 이야기의 맥락에 속했었다. 한데 이것이 인간의 불복종과 벌에도 불구하고 창조 행위와 더불어 주어진 축복이 손상을 받지 않고 그대로 보존되어 있다는 것을 강조하기 위하여 이 자리에 삽입된 것이다. 여자는 "생명"이라는 이름, 여자의 존엄과 어머니됨의 기쁨을 반영하고 있는 이 이름을 받았다. 이 기쁨은 첫아들의 출생 때에 발해진 다음과 같은 환희에 찬 외침에서 감지해 볼 수가 있다. "(이 몸이) 야훼의 도움으로 사내 아이를 얻었노라"(4, 1). 지금 하느님으로부터 멀리 떨어져 있는 인간은 (그럼에도 불구하고) 언제나 하느님에 의해 축복받은 인간으로 존재하고, 그리고 인간의 삶은 바로 하느님의 축복의 힘으로 해서 미래에로 개방된 상태를 유지한다.

하느님이 인간을 지상의 운명에 내붙이기 전에 가죽으로 옷을 만들어서 입혀주신다. 인간에 대한 이같은 배려가 동산으로부터의 추방에 앞선다. 이것은 2, 25와 3, 7과 같이 이해되어야 한다. 불복종 행위가 있기 이전에는 인간이 알몸으로 있으면서 부끄러워하지 않았다. 인간의 눈이 열린 이후로 그들은 자신들이 알몸이라는 것을 깨달았다. 그때 인간은 스스로 대처할 능력을 갖추고 있어서 자신들이 앞가리개를 만들었다. 그러나 이렇게 한다고 해서 인간이 하느님 앞에서 숨겨질 수 없었다는 그 사실을 바꾸어 놓을 수는 없었다. 그런데 이 이야기의 종결부에 이르러 인간에게 옷을 입혀주는 존재는 하느님이시다. 이제 인간은 더 이상 숨은 것이 드러내어졌다거나 부끄럽다고 느낄 필요가 없게 되었다. 이것은 하느님이 인간을 약함을 띤 채 존재하는 그대로의 인간으로서 받아들이신다고 말하는 저 심오한 진술 방식이다. 자신이 존재하는 그대로의 모습으로 인간이 자신의 동료 인간 앞에서 부끄러워하지 않는 것과 하느님 앞에서 부끄러워하지 않는 것, 이것이 하느님의 뜻이다. 하느님은 인간에게서 자신이 죄인이라고 하는 저 집요한 느낌을 제거시켜 주신다. 그분은 인간이 항상 자신의 죄들에 대한 의식 속에 파묻혀 있기를 바라지 않으시는 것이다. 그분은 인간에게서 복합적으로 열등성을 드러내 주는 일체의 징후를 제거해 주신다. 그러고는 인간을 속박에서 벗어난 자유로운 인간으로서 그의 지상 운명에로 떠나보내 주신다.

    인간이 동산에서 물러날 때 그는 하느님과 같아질 수 있는 가능성으로부터 차단당한다. 이것은 곧 그가 창조자가 될 수 있는 것으로부터 차단당함을 의미한다. 여기서 개인에 관하여 언급되는 것이 바벨탑 이야기에서 인류 일반에 관하여 언급되고 있다. 즉, 인류는 하늘에 이르를 수 없다는 것이고, 하느님과 같아질 수 없다는 것이다. 인류 역사에 있어서 이것이 의미하는 바에 대해서 꼭 한 가지의 사항이 제시될 수 있을 듯싶다. 인간은 항상 자기 자신을 뛰어넘고자 분투해 왔다. 인간은 언제나 앞으로 더 나아가고자 한다. 정치적인 영역에서 왕이 하느님의 수준으로까지 들어높여졌던 그런 시대는 영원히 사라졌다. 한데 르네상스와 인본주의와 더불어 시작된 시대에는 문화적인 영역에서, 뛰어난 지적 성취 면에서 초월 가능성이 포착되었다. 그리하여

"창조적"이라는 빈사(賓辭)가 등장하였는데, 이 말은 뛰어난 성취 또는 작품에 적용되었을 뿐만 아니라 이에 상응할 만한 자질을 보이는 인물에 대해서 쓰였다. 예컨대 "창조적인 사람"과 같은 식으로 말이다. 이 빈사는 "패션의 창조자"라든가 헤어 스타일의 "창조자"라는 표현 수준으로 내려앉기까지, 예술 분야에서 거의 보편적으로 인정을 받아왔다. 그러나 과연 주목할 만한 예술적 성취 또는 작품이 창조적이라고 일컬어질 수 있을 것인가? 그것이 과연 어떤 한 창조물로서 묘사될 수 있을 것인가? 하는 물음이 여전히 남는다.

현재에 와서 이러한 현상은 자연과학과 기술공학, 생물학의 잠재력 앞에 주춤거리고 있다. 인간은 여기서 참으로 창조자의 기능 또는 역할들을 인계받지 않았는가? 또한 이 분야들에 있어서 인간은 지금까지 창조자 혼자에게만 유보되어 왔던 잠재력을 강탈한 것은 아닌가?

이러한 물음들에 대한 답은 간단 명료하다. 창조자와 창조자의 일, 그리고 창조적인 일에 대한 성찰은 전체에 대해서, 이 세계 전체와 인류 전체에 대해서 이야기하는 그러한 자리에서만 의미를 가진다. 단지 부분적인 것일 따름인 어떤 한 성취는 이것이 제아무리 엄청나고 솜씨있는 것이라고 할지라도 결코 창조자의 일(= 작품)이나 창조적인 일(= 작품)일 수가 없는 것이다. 수천년이 지난 후에도 전혀 그 빛을 잃지 않을 작품이라고 하더라도 그것을 산출해 내는 예술가는 이미 있는 어떤 것의 영역에서 기존하는 것으로 일을 한다. 우리의 혹성 지구를 바꿔놓고, 인류의 발전을 가져올 수 있는 어떤 힘을 이끌어내는 과학자도 마찬가지이다. 이들은 창조자일 수가 없다. 그 어떤 분야에서 이룩하는 그 어떤 진보도 어느 것 하나 예외없이 인류의 한계 내의 인간적인 성취로 머물 따름이다. 참으로 위대하고 중요한 성취들은, 이것들이 이러한 한계들에 영향을 받는 어떤 지식에 의해 특징지어지는 한, 이와 같은 사실을 입증해 준다. 정치 분야건 문화 분야건, 과학이나 기술 공학 분야에서이건간에 명백히 초인간적인 것을 지향한 일체의 진보가 참으로 인간적인 것, 한 인간이 인간으로 존재한다는, 한 인간이 된다는 바로 이 사실을 위태롭게 만든다. 창조 설화는 이것이 씌어졌던 당시에 이야기했던 그것을 오늘 이 시대의 인간들에게도 역시 매우 분명하게 이야기하고 있다. 즉, 인간은 하느님이 계신 그곳에 있지 않으며, 인간의 잠재 능력이 제아무리 진보한다고 할지라도 이것이 인간으로 하여금 결코 창조자일 수 있게 해주지는 못하리라는 것이다.

⟨7⟩

생명의 나무와 죽음

생명의 나무에 관해서는 줄곧 아무런 언급도 없었다. 이것은 독립적인 설화에 속했던 것으로서, 단지 후대에 와서 동산으로부터 인간이 추방당하는 설화와 결합되었다. 생명 나무에 관한 모티브는 이 설화의 끄트머리(3,22.24)와 도입부(2,9)에 나타날 따름인데, 이 도입부에 보면 동산의 한가운데에 있는 나무, "선과 악을 아는 지식의 나무" 옆에 생명 나무 역시 있다고 언급되어 있다. 이 설화의 그 이외의 부분에서는 어떤 방식으로도 전혀 생명 나무에 대하여 관심이 기울여지지 않는다. 하지만 설화자는 자신의 이야기를 듣는 사람들 측에서 이 나무에 대해 알고 있다고 추정할 수 있었던 것으로서, 그들에게 생명 나무에 관한 이 이야기를 상기시켜 주려는 것이 그의 의도였던 것이다. 그는 자신의 이러한 의도를 그가 전하는 설화의 맺음부인 (3장) 23절을 22절과 24절에서 찾아볼 수 있는 또 다른 맺음부와 연결지음으로써 실천에 옮기고 있다. 이 후자에서의 경우 인간이 동산에서 쫓겨나는 이유가, 인간이 생명 나무의 열매를 먹지 못하도록 차단하는 것으로 나타난다. 2,9에 나오는 생명 나무에 대한 언급은 — 이 나무 역시 여기서 저 동산에 있는 것으로 소개되는데 — 오로지 (3장) 22절과 24절의 제2의 맺음부의 맥락 속에서만 의미를 가진다. 결국 설화자가 생명 나무에 관한 모티브를 삽입한 것은 이러한 시도를 통해서 (전체를 포괄하는 지식이라는 의미에서의) 지혜와 영원한 생명은 신성에 속한 것이라는

174 ⟨라⟩

점을 설명하기 위해서였던 것이다. 하지만 인간은 지식, 앎에 대한 갈망과 생명에 대한 갈망을 띤 존재로 창조되었다. 지식과 불멸하는 생명을 얻기 위한 분투는 신적인 것에 속하고자 하는, 유혹 장면에서 그려져 있듯이, 하느님과 같은 존재가 되고자 하는 그와 같은 문제이다. 하느님과 인간간의 차이는 이 두 영역에서의 인간의 한계에 있어서보다 더 명확하게 표현될 수 없을 것이다. 하지만 구분해서 생각해 보아야 할 점이 있다. 말하자면, 인간은 어느 정도까지는 "선과 악을 아는 지식"을 성취할 수 있지만 — 설령 이것이 인간에게 득보다는 오히려 실을 안겨 준다고 하더라도 말이다 — 불멸적인 생명은 인간에게 허락되어 있지 않은 것으로서, 인간은 무조건적으로 죽음에 의해 제약되어 있는 것이다.

생명 나무는 고대 이스라엘에 널리 알려져 있었다. 예를 들면, 잠언("의로운 이들이 맺는 열매는 생명의 나무이다": 11, 30)과 다른 여러 대목에 이 나무에 관한 언급이 나타나 있다. 또한 고대 근동 지역 전체에서도 역시 이 모티브가 나타난다. 가장 잘 알려진 예로는 〈길가메쉬 서사시〉(XI, 266-95)에 나오는 저 생명의 식물이다. *

> 오, 길가메쉬여, 내가 한 가지 감추인 일을 드러내 주리라,
> 신들의 한 비밀을 내 그대에게 이야기하리라. …
> 이 식물은 갈매나무처럼 가시가 있다.
> 이것의 가시들이 장미가 그렇듯이 그대의 두 손을 찌르리라.

---

* 〈길가메쉬 서사시〉, 이현주 역, 범우사, 85면 참조 — 역주.

> 만일 그대의 손이 그 식물을 움켜쥔다면, 그대는
> 새 생명을 찾으리라. …
> 그것의 이름은 "인간이 노년기에 젊어진다"이리
> 라.
> 나 자신이 그것을 먹을 것이고, 이로써 내가 젊은
> 상태로 되돌아 가리라.

길가메쉬는 자신의 동료 엔키두를 잃으면서 죽음이라고 하는 무자비한 운명에 직면하여 공포에 사로잡힌다. 이에 그는 죽음에 내붙여지지 않을 생명을 찾아 떠난다. 길가메쉬는 생명의 식물을 발견하지만 다시 잃어버리고 만다. 그는 주막집의 여인 시두리(Siduri)가 그가 여행을 시작할 무렵 그에게 말했을 때(X, 3, 1-5: 우리말 번역본, 67면 참조) 그가 처해 있었던 그 위치로 되돌아와 있다.

> 길가메쉬여, 당신은 어디를 찾아 헤매는가요?
> 당신이 붙좇는 그 생명을 당신은 찾아내지 못할
> 것입니다.
> 신들이 인류를 창조했을 때,
> 그들은 인류에게 죽음을 붙여주었고,
> 생명은 그들 손에 남겨 두었습니다.

생명의 나무라든가 식물 혹은 열매에 관한 상념은 주술 영역에 속해 있다. 이것은 원시 문화들 속에 그 기원을 두고 있는데, 이런 문화들에는 이와 유사한 예들이 허다하게 나타난다.

생명 나무에 접근하는 것이 금해졌다. 이것은 이 설화의 맥락에서 볼 때 2, 17에서 사전 경고가 가해진 적이 있었던 저 죽음이 인간 실존의 한 절대적인 조건이 된다는 것을 의미한다. 이것은 불복종에 대한 벌로서 기술되어 있지 않다. 다만 하느님으로부터 소외된 인간은 자신의 죽음을 향해 가는 존재로 나타날 뿐이다. 설화자는 이런 방식으로 이 설화를 끝맺는다. 이렇게 해서 그는 자신의 청중들에게, 비록 인간이 하느님에 의해 축복을 받았고 미래에도 효력을 발할 생명력을 부여받았음에도 불구하고 인간은 자신에게 부여된 생명 주기의 한계 내에 머물러 있다는 점을 다시 한번 더 이야기하고 있다. 인간은 자신의 창조자 앞에서는 영원히 유한한 한 창조물일 따름이라는 것이다.

⟨8⟩

타 락 ?

이 설화는 서양 세계의 언어 일체에 있어서 "타락"이라는 제목이 붙여진다. 서양의 그리스도교 전통에 확고히 닻을 내리고 있는 이 제목은 이 설화가 시종일관 이것에 동반되어 있는 어떤 한 결정적인 의미를 갖고 있다는 것을 함축한다. 이 의미는 그리스도 교회의 교의신학에서 원래의 상태와 타락과 원죄에 관한 가르침과 관련하여 수립되어 왔다. 하지만 이것이 내포하고 있는 용어와 의미는 그리스도 교회와 그리스도교 전통에 그 기원을 두고 있지 않다. 즉, 이것은 후기 유다 전통에서 비롯해 나온 것이다. 우리는 이를 제4에즈라서(7, 118)에서 분명하게 찾아볼 수가 있다.

> 오 아담, 당신은 어떤 일을 하셨습니까?
> 죄를 지은 것은 당신이었어도
> 타락은 오직 당신 것만이지는 않습니다.
> 그것은 당신의 후손들인 우리의 것이기도 한 것입니다.

이 본문에서 아담은 하느님에 의해 창조된 인류를 대리하는 존재로서 이해되지 않는다(그러나 설화 자체에서의 경우 아담은 인류를 대리하는 존재이다). 그는 여기서 역사적으로 실존했던 한 개인으로 이해되고 있는 것으로서, 그의 "타락"이 그를 통하여 후손들에게 전해져 내려왔다는 말이다. 이렇게 볼 때 타락과 원죄에 관한 가르침은 후기 유다의 이 해석에 근거해 있다. 단적으로 말해서 이 가르침은 전혀 우리가 지금까지 살펴본 저 창조 설화에 그 토대를 두고 있지 않은 것이다.

창세기 2—3장에 대한 바울로의 해석 역시 종종 지적되어 왔던 것처럼, 후기 유다교의 해석을 따르고 있다. 즉, 이것은 바울로의 그리스도와의 만남에 그 기원을 두고 있지 않은 것이다.

원죄 교리는 아우구스티누스에 이르러 완전한 발전 단계에 도달하였다. 아우구스티누스의 전형적인 해석은 다음과 같다. "인간의 타락은 더 낮은 실존 수준으로 내려앉는 것으로 이해된다. 이에 죄는 어떤 것의 결핍이 아니라 존재의 어떤 실질적인 저락(degradation)으로 이해되어야 할 것이다"(O. Loretz, *Schöpfung und Mythus*, 20-30면: "창조에 대한 그리스도교적 이해에 관한 아우구스티누스계의 전통과 신학적 전통의 영향" 참조). 우리는 이제 더 이상 서양의 그리스도교 전통에서 참으로 결정적인 영향을 미쳐왔던 아우구스티누스의 이 해석이 성서의 첫머리에서 이야기하고 있는 화자의 의도에 부합하는 것이라고 말할 수 없을 것이다. 이 해석은 우리의 현재 역사가 타락으로 시작되고, 타락에 앞선 "원래의 상태"는 우리의 현재 역사와는 전적으로 구분되는 이상적인 무구한 상태였다는 극히 옳지 못한 전제에 근거해 있다. 이같은 해석은 그릇된 이해에 근거를 두고 있는 것으로서, 여기서는 인간이 동산에 데려다 놓여진 것으로부터 그의 추방에 이르는 사건들의 전 과정에서 기도되어 있는 것이 시원 사건에 대한 진술이고, 따라서 이것은 우리의 역사와는 전적으로 구분되는 어떤 것이라는 점을 파악하는 데 실패해 왔던 것이다. 이렇게 시원 사건들의 맥락에 위치한 어떤 한 사건은 역사에 대한 우리의 이해와는 전적으로 다른 방식으로 표출되어 있다. 시원에 관한 이야기는 인간 실존의 본질적인 요소들과 관련하여 그 인간의 실존을 설명하면서 그가 마치 실제로 그렇게 존재하는 것처럼 그려낸다. 이 설화의 흐름을 결정짓는 것은 오로지 다음과 같은 한 물음이 있을 따름이다. 즉, 하느님에 의해 창조된 존재인 인간은 왜 죽음과 고통과 노역과 죄에 의해 한계지어진 인간인가? 하는 것이 그 물음이다. 이 설화는 실제로 인간의 기원에 관한 물음이 아니라 이중성을 띤 존재로 체험되는 인간에 관한 물음에 대해서 답하고자 시도하고 있다. 여기서 추구되는 그 답은, 인간이 어느 정도 일정한 가르침의 형태로 종합할 수 있는 그와 같은 객관적인 지식이 아니다. 이 설화의 "메시지"는 오로지 이것에 귀기울임으로써만 이해될 수 있다. 이 설화는 확실히 고통과 노역과 죽음을 통하여 인간의 죄와 그의 한계간의 연관 관계를 보여주고 있다. 그러나 "죄의 삯은 죽음이다"라고는 결코 이야기되어 있지 않다. 금령에 수반되는 위협이었던 죽음의 형벌이 불복종에 뒤이어서 부과되지 않고 있는 것이다. 오히려 인간은 자신의 불복종에도 불구하고 온전한 삶의 자유를 보장받았다. 저주는 인간 자신을 페지르지 않고 스쳐 지나갔을 따름이다. 벌은 인간을 하느님으로부터 떨어져 있게 만든다. 그러나 이것은 결코 완전한 분리를 뜻하지 않는다. 죄와 죽음은 불가분리적으로 인간의 실존에 속한다. 하지만 하느님으로부터 떨어져 있는 인간은 그럼에도 불구하고 여전히 언제나 하느님이 돌보시고 보호하시며, 축복하시는 존재로 남아 있다. 인간은 여전히 하느님의 창조물로 남아 있는 것이다. 설화가 전개되는 과정에서 볼 수 있듯이 이 설화는 이 모든 것을 지극히 섬세하고도 미묘한 형태로밖에는 달리 이야기할 수 없었던 것으로서, 이는 어떤 한 교리로 압축될 수가 없는 것이다.

⟨9⟩

인간 창조와 인간학

성서 첫머리에 자리잡고 있는 인간 창조와 동산으로부터의 추방에 관한 이야기는 인류에게 있어서 앞으로도 내내 타당성을 띨 중요한 의미를 갖고 있다.

인간학이 그리고 특히 진화에 관한 다윈의 학설이 대두된 이래, 인간 창조 설화에 의거하여 원래의 의로운 상태와 타락과 원죄에 관해서 개진되는 교회의 가르침과 인류의 발단에 관한 과학적 연구간에 점차 대립 현상이 증대되어 왔다. 하지만 이 설화가 역사적으로 실존한 두 개인에 관해서가 아니라 인류를 대변하는 시원적인 대리자들에 관하여 이야기하고 있고, 불복종을 통해서는 역사 안에서 확정적으로 나타났던 어떤 한순간을 그리려는 것이 아니라 어떤 시원적인 사건을 그려내려는 의도를 띠고 있다고 할 때, 이와 같은 대립은 진부한 것이 되고 만다. 지금은 창조 설화에 대해서 일반적으로 수용되고 있는 이러한 이해를 여실히 보여주고 있는 한 가톨릭 성서 주석가의 다음과 같은 견해를 인용하고자 한다(H. Haag, *Der "Urstand" nach den Zeugnis der Bibel*, 1968). "가톨릭과 복음주의 교회의 교의신학에서 현재 보이고 있는 주장은, 이에 따르면 저 시원의 상태는 인간 역사의 처음에 나타난 연대기적인 단계였는데 … 성서와 부합하지 않는다. 성서는 '죄없는 인간'을 알지도 못하고 따라서 무구함의 상태에 대해서 역시 알지 못한다." 죄와 악의 현상이 수천 수만년이 흐르는 동안 인류 전체에 영향을 미치고 있는 현상이어 왔다는 데는 더 이상 논란의 여지가 있을 수 없다. 또한 이제는 신학적 차원이 이러한 현상에 대한 설명에 있어서의 인간학적·심리학적·사회적 차원을 결코 배제할 수가 없는 처지라는 것 역시도 분명한 사실이다. 인간의 초기 역사에 대해서 이러한 학문들이 갖는 중요성은 더 충분히 받아들여져야 할 것이다. 우리는 이와 관련하여 프로이드(Sigmund Freud)의 심층심리학과 융(Karl G. Jung)의 원형에 관한 학설에 의하여 연구 방향을 제시받은 하우스만(L. Housman)의 작품(*Sin and Herd Instinct*, 1945-6)과 로렌쯔(K. Lorenz)의 작품(*Das sogennannte Böse. Zur Naturgeschichte der Aggression*, 1964, 3판), 그리고 로레츠의 작품(*Schöpfung und Mythus*, 1968)을 지적할 수 있을 것이다. 창세기 2—3장의 설화가 전하는 그 유일무이하면서도 항구한 타당성을 갖는 메시지는 오로지 인류의 발단에 대한 과학적 연구의 중요성과 그 필요성이 충분히 받아들여질 때에야 비로소 명확하게 밝혀지게 될 것이다. 우리가 인간학이 어떤 한 중요한 실재에 더 충만한 의미를 제공해 줄 수 있기를 기대할 수 있는 것은 바로 이러한 전제하에서일 따름이다. 인간 역사의 초기에 있어서의 경우 그 모든 차원들에서 나타나는 인간의 발달은 어떤 신적인 힘 또는 능력에 직면하여 존재하는 자로서의 자기 자신에 대한 이해와 불가분리적으로 연계되어 있었던 것이다.

⟨10⟩

아담과 그리스도

인간 창조 설화를 신약성서에 전해지는 예수 그리스도의 행업에 관한 기록과 가장 분명하게 연결시켜 주는 것은 저 보편적 관점이다. 전자에 있어서와 마찬가지로 후자에 있어서도 인간은 인간에게 제약을 가하는 일체의 한계들을 뛰어넘는 인간 실존의 충만함의 견지에서 파악되고 있다. 그리고 신약성서의 메시지는, 인간이 자신의 일체의 잠재력과 죄와 죽음을 통한 일체의 유한함을 띤 한 창조물로서의 자신의 신분에 입각하여 이해되고 있다는 점에서, 성서 첫머리에서 볼 수 있는 인간 창조에 관한 진술과 일치한다.

제관계의 창조 이야기에서의 경우, 인간은 하느님의 모상으로 창조된다. 이는 인간이 하느님과 상합하는 존재임을 뜻하는 것으로서, 그렇기 때문에 하느님과 이 창조물간에는 무언가 사건이 발생할 수가 있다. 신약성서는 이를 받아서, 하느님과 인간 사이에 발생한 그 무엇은 나자렛 예수에 관하여 전해진 내용에 그 핵심을 두고 있다고 말한다. 야휘스트의 창조 이야기에서의 경우 하느님과 인간 사이에 발생하는 그 사건은 하느님에 의해서, 즉 하느님이 인간에게 그가 자유로울 수 있고 그 자신을 하느님께 합치시킬 수 있는 능력을 부여한 채 명령을 내림으로써 시작된다. 이어서 이 설화는 고통과 죽음에 의한 인간의 한계가 하느님께 대한 자신의 불복종과 자기 형제에 대해 스스로가 가한 치명적인 폭행에 얼마나 일치하는 것인가를 이야기한다. 그리고 신약성서는 다시 이를 받아서, 이와 동일한 사태가 예수의 행하심과 설교, 그의 수난과 죽음 속에서 그대로 발생하고 있다고 이야기하고 있다.

복음서들에 전해지는 나자렛 예수에 관한 기록들의 특성은 설교하고 행위하는 가운데 그분이 다른 사람들과 대면함에 있어서 근본적으로 인간적인 것이 완전히 주도적으로 나타나고 있다는 점이다. 여기서 천착되고 있는 것은 한 창조물의 신분으로서의 인간, 굶주리고 목마른 인간, 병든 인간과 건강한 인간, 자신의 공동체의 구조들 속에 존재하는 인간, 삶의 의미에 대해서 그리고 성취의 의미에 대해서 묻는 인간, 그러한 인간에 관한 물음이다. 또한 예수가 자신의 아버지께서 정하여 자기에게 다 이루도록 하셨다고 인식하고 있는 그 일에 있어서 관건이 되는 것은 인간의 창조 설화에서와 마찬가지로 인간 실존의 한계들에 관한 물음이다. 여기서 역시 인간이 오류를 범할 수 있는 가능성과 그의 고통과 죽음이 관심의 대상이 되고 있는 것이다.

결국 나자렛 예수와 그의 제자들은 자신들의 겨레붙이의 전통과 역사의 한복판에 서 있는 셈이다. 그분의 행업은 일차적으로 당신의 겨레, 당신의 민족에게로 향해져 있다. 그분 역시 자신의 민족에 속해 있고, 또한 그분은 그들 한가운데서 그들을 위하여 활동하신다. 뿐만 아니라 그분 자신이 당신이 활동하기 시작한 맨 처음부터 마지막에 이르기까지 저 창조 설화가 인간에 대해서 제시하고 있는 바와 같은 한 창조물의 신분은 인간, 자신의 인간 실존에 부여된 기본적인 자질들을 띤 인간으로 존재하실 분이셨다.

인간 창조 이야기와, 복음서들이 나자렛 예수에 관하여 전하는 것간의 연관점들은 자명하다. 그렇기 때문에 그 어떤 체계화나 일체의 신학적 사변을 시도할 필요가 없다. 창조 설화들에 진술되어 있는 인간이 복음서들을 통하여 우리에게 다가오는 그 인간이라는 것은 너무도 명백한 사실이다. 창조 이야기의 하느님과 인간 사이의 관계의 역사, 이것이 복음서들이 이야기하고 있는 그것이라는 사실 역시 마찬가지이다.

〈마〉

창조와 구속

창조와 구속(救贖)에 관하여 논의할 경우 우리는 자연히 사도신경을 그 출발점으로 삼을 수 있을 것이다. 여기서는 이 둘이 모두 독특하고 규범적인 방식으로 진술되어 있다. 신경은 창조자의 행업과 예수 그리스도의 행업, 그리고 성령의 행업을 같이 기술한다. 이 요약에는 모든 그리스도 교회들에 있어서 기본적이고도 공통된 내용이 담겨 있다. 모든 그리스도 교회들이 신앙의 정식하에 하느님의 이 삼중의 행업을 함께 기술하려고 할 때 그들이 이 기초 또는 토대로부터 출발하는 것이 당연한 과정이 되어 왔다. 그러나 우리가 성서적 기초에 관하여 물어 나가게 되면, 이것이 더 이상 그렇게 분명한 것이 아니라는 사실이 드러나게 된다. 창조에 관한 성서의 성찰은 구속에 관한 성찰과 같은 방식으로 신앙의 정식하에 파악될 수 있는 것이 아니라는 사실이 분명하게 밝혀지기 때문이다. 누군가가 신약성서와 구약성서를 더 면밀하게 살펴볼 경우, 그는 "믿는다"라는 동사가 창조자와 관련해서이거나 창조에 관한 성찰의 맥락에서 전혀 사용되지 않았다는 놀라운 사실에 맞닥뜨리게 될 것이다.

1. 우리는 여기서 다음과 같은 두 가지 물음을 제기하지 않을 수 없을 것이다. 구약성서에서의 경우, "창조자"와 "창조"라는 말들이 전혀 신앙의 맥락에서 쓰이지 않는 까닭은 무엇인가? 그

리고 하느님의 창조 행업을 신앙의 견지에서 되돌아보는 것은 어떤 의도에서인가?

첫째 물음에 대해서 먼저 살펴보자. 구약성서의 신앙관은 우리가 우리의 일상과 세속 삶의 영역에서 믿는다는 말을 사용할 때와 마찬가지로 어떤 한 선택을 내릴 수 있는 가능성을 전제로 하고 있다. 우리는, 당신은 이것을 믿습니까, 아니면 그렇지 않습니까? 하고 묻는다. 신약성서 가운데 가장 오래된 전승층들에 있어서 "믿는다"는 동사는 주로 부정적인 의미를 띠고 나타난다. 즉, 믿음은 사람들이 믿지 않는 곳에서 두드러진 것으로 드러나는 것이다. 한데 구약성서에서의 경우 창조자에 대해서 믿을 것인가 말 것인가 하는 선택 가능성은 전혀 고려의 대상이 되지 않는다. 이 세계의 창조는 믿음의 대상인 것이 아니라 사유를 위한 전제인 것이다. 이를테면 하느님의 구원 행업은 믿음의 대상일 수가 있어도 창조는 그럴 수가 없는 것이다.

둘째 물음에 관해서 살펴보면 이렇다. 하느님의 창조 활동이 신앙의 견지로 이끌어들여질 경우에는 필연적으로 창조과 구속의 간격을 전격적으로 이어놓는 현상이 나타난다. 이렇게 되면 창조는 인간이 믿거나 믿지 않을 수 있는 어떤 것이 된다. 말하자면 창조가, 구속이 그러한 것과 동일한 의미에서 믿음의 대상이 되는 것이다. 그렇지만 여기에는 성서가 창조자와 창조에 대한 자체의 성찰을 통해서 의도하는 그것으로부터 거리가 멀어질 위험과 그것을 다분이 무의식적으로 왜곡시킬 위험이 자리잡고 있다.

이와 관련하여 또 다른 한 접근 방법이 있을 수 있는데, 이것 역시 이와 동일한 문제를 야기시킨다. 즉, 이 접근 방식에 따르면 창조는 신앙관만이 아니라 계시관에도 역시 종속되게 된다. 그리하여 사람들은 구원의 계시에 상응하는 창조의 계시에 관하여, 혹은 더 추상적으로 표현해서, 일반 계시와 특수 계시에 관하여 이야기하게 된다. 하느님은 창조를 통해서 혹은 자연을 통해서 당신 자신을 계시하시는가? 계시하신다면 어떻게 계시하시는가? 하는 물음을 가지고 일련의 신학적인 논의들이 벌어져 왔던 것이다. 혹자는 바울로가 로마인들에게 보낸 편지에서 언급할 수밖에 없었던 내용을 가지고 이러한 구분을 입증하려고 할 수 있을 것이다. 그러나 바울로와 로마 교회가 처한 상황은 구약성서의 그것과 전혀 다르다. 구약성서에서의 경우 창조는 결코 어떤 한 계시의 대상이 아니다. 또한 그것은 그 어떤 방식으로도 계시의 맥락에 이끌어들여져 있지 않았다. 우리는 오늘날 마치 지극히 명백한 일인 듯이 창조에 대한 구약성서의 증거에 관하여 언급한다. 하지만 이것은 부정확한 진술 방식에 지나지 않는다. 이런 방식에 따를 때, 창조는 그 본질상 결코 그렇게 될 수 없는 어떤 것이 되도록 조장될 것이기 때문이다. 창조 때는 아무 증인도 있지 않았다. 따라서 그 어떤 의미에서도 창조 사실에 대한 증거는 있을 수가 없는 것이다.

2. 이제 "창조"와 "구속"이라는 말마디들에 관하여 몇 가지 점들이 지적되어야 할 것이다. 창조에 관한 제관계 기록에는 하느님의 창조적인 행위를 가리키는 한 특수한 말이 나온다. 한 특수한 신학적 어휘인 바라(*bara'*)가 그것이다. *bara'*라는 이 말이 구약성서에서 오직 하느님을 그 주어로 해서만 나타난다는 점이 극히 중요한 의미를 가진다. 이것은 전혀 인간을 주어로 하지 않는 것이다. 그리고 하느님이 이 세계를 무엇에서 창조하시는지 그 질료명이 일체 나타나지 않고 있다. 지금까지는 이 *bara'*라는 말의 배후에서 너무도 많은 사상을 읽어 내려 해왔다. 그리고 실제로 창조에 관한 성서 신학은 *bara'*의 이면에 자리잡고

있는 사상에 내포되어 있다고 언급되어 왔다. 하지만 이것은 과장에 불과하다. 이것이 과장이라고 하는 사실은 우리가 제관계 저작이 "만들다"라는 단순한 말 역시 똑같은 의미로 사용되고 있기도 하다는 점을 파악할 때 분명하게 드러난다. 창조 신앙에 있어서의 독특한 면모는 단지 어떤 한 말마디에 담겨질 수가 없는 일이다. 제관계 저작은, 창조에 관한 자체의 성찰 속에서, 단지 "만드는 것" 혹은 "형성하는 것"에 관하여 이야기하고 있을 따름인 더 오래되고 더 원시적인 전승층들을 전해주고 있다. 제관계 저자는 이 원시적인 진술 방식을 거부하기보다는 오히려 이를 포용하고 있는 것이다. 완결지어진 한 집적물로서의 창조에 관한 제관계 진술에 있어서도 마찬가지이다. 이것은 두 전승층으로 이루어져 있다. 즉, 더 최근의 전승층만이 말씀을 통한 창조와 친숙하다. 그리고 더 오래된 전승층은 만들거나 갈라놓거나 형성하는 하느님에 관하여 이야기하고 있는데, 이 전승층은 하느님의 말씀을 통한 창조 진술 안에 수용되었던 것이다. 따라서 우리는 구약성서의 경우 유일하게 올바른 방식이었다고 규정지은 단 한 가지의 창조 진술 방식을 따르도록 스스로를 한정짓기보다는 서로 다른 진술 방식들이 나란히 병존하도록 허용하였다고 결론지을 수 있을 것이다.

이제 구속 관념에 관하여 살펴보자. "구속"(redemption)이라는 말은 일종의 종교적인 의미를 갖고 있다. 이 말은 종교적인 언어 영역에서 세속으로 전해져서, 세속 언어 생활에서 "나는 해방된 느낌이라오"라는 표현(I feel that I have been redeemed)이 쓰이기에 이르렀다.* 그렇지만 이 말에서 종교적인 반향이

---

* 우리말에서의 경우 이에 상응하는 말로 속량(贖良)이라는 말을 들 수 있을 것이다. 이 말은 종을 풀어주어서 양민이 되게 함을 뜻하는데, 현대에 와서는 세속 영역에서의 경우 거의 쓰이지 않는다 — 역주.

완전히 제거될 수는 없는 게 사실이다. 이 말은 특별히 종교적인 어휘인 것이다. 구속 관념은 구해냄과 갈라냄, 자유롭게 함과 풀어냄에 관한 구약성서의 기본적인 사고에로 거슬러 가 닿아 있다. 이 말들은 전혀 특별한 종교적 의미를 갖지 않는다. 이것들은 단지 구세주이신 분과 관계없이 구함을 받는 것과 관련한 인간의 체험을 거듭거듭 표현해 주고 있다. 영어(와 독일어)의 구속 관념은 그리스어 신약성서와 히브리어로 된 (구약)성서를 그리스어로 옮겨 놓은 70인역본의 성서 언어에 있어서 이 어휘와 관련하여 형성된 오랜 전통을 이어받고 있다.

라틴어 성서는 그리스어 *soteria*(구원)를 옮기기 위해서 salus라는 말을 사용하였다. salus는 *soteria*와는 전혀 다른 어떤 것이다. salus라는 이 라틴어에 상응하는 독일어는 Heil인데, 이것은 구속, 행복, 축복을 뜻한다. 라틴어 salus의 의미는 로망스어(라틴어에서 유래하는 이탈리아어, 프랑스어, 스페인어, 포르투갈어, 루마니아어)에서와 같이 인사말로 쓰일 때에 가장 잘 파악된다. salus에 해당하는 히브리어는 "구해내다"를 뜻하는 어휘가 아니다. 히브리어 가운데서 salus의 동의어는 샬롬(*shalom*)이다. 이 말은 안녕(well-being), 특히 한 공동체의 안녕 상태를 표현한다. 그런데 여기서 완전히 뒤바뀌는 현상이 발생하고 말았다. 구원 체험이나 구원 역사의 맥락에서조차 우리의 구원 관념은 겨우 그리스어 *soteria*의 동의어에 해당하는 말에 의존해 있을 따름이지, 전혀 *soteria*의 배후에 있는 히브리어에 해당하는 말에 의존해 있지를 않은 것이다. 구원이라는 말은 어떤 한 행위, 구제해 내는 것이라든가 구속해 내는 것 대신에 어떤 한 상태를 의미했던 것으로서, 이러한 이상적인 상태는 원래 하느님의 구원 행위보다는 그분의 축복 행위의 맥락에 속해 있다.

3. 그렇다면 성서에 있어서 창조와 구원, 하느님의 창조 행위와 하느님의 구원 행위간의 관계는 어떠한가? 우리의 출발점인 사도신경은 하느님의 세 가지 기본 행업들, 곧 창조와 그리스도 안에서의 구원과 성령의 작용을 같이 진술하고 있다. 그리고 하느님의 이 세 가지 행위 모두를 신앙 행위에로 이끌어들이는 방식으로 이렇게 하고 있다. 이 그리스도교 신경의 선구적인 형태는 이미 구약성서에 있는데, 폰 라트(G. von Rad)가 입증했던 바대로, 그것은 역사적 신앙고백이라고 일컬어지고 있다. 이스라엘은 이 역사적 신앙고백에서 처음부터 하느님의 구원 행업을 인정한다. 하느님의 이러한 구원 행업들은 출애굽 사건과 더불어 시작된다. 또한 여기서는 때때로 앞서 족장들의 시대에 발생했던 일들을 돌아보기도 한다. 그러나 하느님의 창조 행업만큼은 이 신앙고백에 전혀 나타나지 않는다.

(1) 그러면 그 까닭은 무엇인가? 우리는 먼저 다음과 같이 물음을 제기할 수 있을 것이다. 구약성서에는 이 두 관념이 같이 아우러지는 곳이 전혀 없는가? 아니다, 있다. 시편들에 나타나는 하느님 찬양이 바로 그 자리이다. 하느님 찬양에서는 하느님이 행하시는 모든 것이 하나의 초점으로 집중되어 있다. 이 점은 시편 113에서 분명하게 드러난다. 이 시편은 다음과 같이 하느님을 찬양하라는 외침으로 시작된다. "주님을 찬양하라. 찬양하라, 오 주님의 종들이여, 주님의 이름을 찬양하라." 이 시편의 중반부에는 이러한 구절이 나온다. "드높이 앉으시와, 하늘과 땅으로 눈을 내려뜨시는 우리 하느님(천주)이신 주님과 같은 이 누구인고?"* 이스라엘은 하느님의 엄위하심과 깊은 곳(구렁)에까지 내려가(손길을 펴)시는 그분의 철저함을 두 극으로 하는 양극 구조 속에서 하느님에 대한 자신의 찬양을 표현한다.

하느님은 구렁으로부터 들어올리시기 위하여 그 구렁을 굽어보신다. 인간의 관점에서 볼 때 그분이 이렇게 들어올리심이 구원을 의미한다. 하느님을 찬양하는 이 기본적인 외침은 신약성서, 특히 루가 복음의 첫머리에 있는 〈마니피캇〉으로까지 계속 이어진다. 이 양극 구조의 다른 한쪽이 개진될 때 "높은 데서 어좌에 앉아 계시는 분"에 대한 찬양이 이루어지는데, 이것은 늘상 두 어구로 나타난다. 즉, 하느님의 엄위하심은 그분이 창조자인 동시에 역사의 주님이시기도 하다는 사실에 의해 드러내어지는 것이다. 시편 33이 이와 같은 경우이다. 다시 말해서, 시편 작가가 구세주요 구속자로서의 하느님과 창조자로서의 하느님에 관하여 언급하는 것간에는 양극 구조를 이루는 관계성이 자리잡고 있는 것이다. 이는 오로지 하나가 다른 하나에 맞세워짐으로써만, 즉 창조자에 관하여 이야기하는 것과 같은 그러한 방식으로 구속자이신 하느님의 엄위하심을 개진해 나감으로써만 진술될 수 있을 따름인 것이다. 창조와 구속의 관계가 양극 구조를 형성한다는 것은 구약성서를 이해하는 데 있어서 반드시 고려되지 않으면 안될 사항이다. 이 둘을 신앙이라는 저 한 관념 속에 아우르려는 시도는 구약성서 어디에서도 행해지지 않는다. 따라서 이 둘 다를 포괄하는 계시 관념 또는 신앙 관념은 존재하지 않는다. 결국 우리는 이 두 차원을 나란히 병행해서 이야기하지 않으면 안되는 것이다. 이 두 차원은 결코 한 말마디하에 아울러질 수 없는 것으로서, 달리 표현하자면, 창조와 구속에 공통된 것은 신앙 관념이라든가 계시 관념이 아닌 것이다. 이 둘에 공통된 것, 그것은 바로 하느님 자신인 것이다. 구약성서와 신

---

* 고 선종완 신부의 시편 번역인 〈성영〉의 209면에 나오는, 시편 113,5-6에서 인용 — 역주.

약성서 모두에 있어서의 창조자의 행업은 각기 그 나름의 배경을 갖고 있다. 즉, 그것은 구세주의 행업과는 다른 기원과 역사를 띠고 있는 것이다.

(2) 이제 신약성서로부터 시작해 보기로 하자. 신약성서가 창조자에 관하여 언급할 때, 여기에는 일련의 전통이 전제되어 있다. 신약성서는 그 저자들이 이미 창조자라는 말로 의미되고 있는 것에 대한 지식을 갖고 있지 않는 한 그 창조자에 대해서 이야기할 수가 없었을 것이다. 신약성서가 창조자에 관하여 언급할 때, 이는 언제나 삽입되는 형태로 나타난다. 실제로 신약성서에는 창조자에 관하여 다루는 주목할 만한 대목들이 없다. 신약성서 저자들은 자신들이 이런 자리에서 이야기할 때 한 전통의 상속자들로서 이야기하고 있다는 것을 충분히 의식하고 있다. 이들은 자신들의 유산의 일부로서 창조자에 관한 성찰을 물려받아서 각자 그들 나름의 방식으로 이것을 새로운 맥락 속에 자리잡게 하려고 애썼다. 한 예로 로마인들에게 보낸 편지를 쓴 바울로를 들 수 있다. 또한 요한은 자신의 복음서 서문에서 지극히 다른 방식으로 이같은 시도를 하였다. 그는 창조자에 관한 전통적인 성찰 방식을 받아들여 새로운 성찰로 이끌어갔던 인물이었다. 그리고 히브리인들에게 보낸 편지와 골로사이인들에게 보낸 편지도 역시 이전과는 다른 면모를 보여주고 있다. 말하자면 전통과 해석이 신약성서에 있어서 창조자에 관한 성찰을 규정하고 있는 것이다. 여기서 우리는 다음과 같은 물음을 제기할 수 있을 것이다. 신약성서는 대체 왜 창조자에 관하여 언급해야 했는가? 이것은 저 마르치온 파 사람들이 제기했던 기본적인 물음이다. 이에 대해서 마르치온 사상에 의해 다음과 같은 답변이 제시되었더랬다. "우리의 하느님, 예수 그리스도의 아버

지는 창조자가 아니시다." 이때 이래 줄곧 창조자에 관한 그리스도교의 가르침은 마르치온 파 사람들에 대립된 입장을 취하였다. 하지만 마르치온 파 사람들이 그러한 물음을 제기했던 것은 교회 역사에 있어서 필연적인 일이었다. 마르치온이 아니더라도 분명히 누군가가 이 물음을 제기했을 것임에 틀림없었던 것이다. 아무튼 분명한 것은 창조자에 관한 성찰은 그리스도교적 성찰 자체에 기초해 있지 않다는 점이다. 그 당시 다시 한번 이 점이 분명하게 인식되지 않으면 안되었다. 그리고 이것이 분명하게 인식되어서야 비로소 창조자에 관하여 언급함이 없이는 예수 그리스도에 관하여 언급할 수 없다는 것이 분명하게 밝혀지기에 이르렀던 것이다. 이러한 사정은 오늘의 이 시대에 이르러서까지도 마찬가지이다. 오늘의 급진적인 시도들 가운데서 역시 그리스도교적 성찰로부터 창조에 관한 성찰을 제거하려는 움직임이 다시금 나타나고 있는 것이 사실이다. 그리스도 교회는 다시 한번 더 다음과 같은 물음에 직면해 있다. 교회가 하느님이 창조자이시다라는 견해를 견지하는 이유는 무엇인가? 이 물음은 이 문제에 대한 근본적인 재고찰을 요구하고 있다. 이와 관련하여 우리는 먼저 이렇게 진술할 수 있을 것이다. 신약성서에서 찾아볼 수 있는 창조자에 관한 성찰은 과거로부터 전해져 내려온 어떤 것으로서, 다만 이것은 전승된 내용들 가운데서 구원에 관한 신약성서의 메시지를 위해 필요한 어떤 것이었다라고 말이다. 그리스도 안에서의 구원이 세계 전체와 인류 전체를 위한 것이었기 때문에, 이 구원은 필연코 이 세계의 창조자와 인류하고 연계되지 않으면 안되었던 것이다.

구약성서에 있어서도 다를 것이 없다. 창조자에 관한 성찰 역시 구약성서 전승 자체의 테두리 안에서 창출된 어떤 것이 아니었다. 즉, 구약성서 저자들이 창조자에 관하여 언급할 때, 이들은 바로, 신약성서 저자들이 그러한 것과 마찬가지로 과거의 상속자들로서 그렇게 하고 있는 것이다. 구약성서에 보이는 창조자에 관한 성찰은 확실히 비교할 수 없을 만큼 훨씬 더 풍부하고 더 다양하다. 하지만 오늘 이 시대의 우리는 그것이 상속을 받았던 이들, 물려받았던 이들, 요한 복음서 서문의 저자가 그랬던 것처럼 물려받아서 해석했던 이들의 성찰이라고 하는 사실을 결코 간과할 수가 없다. 창세기 1장과 견주어질 수 있는 종교 자료들, 특히 서사시 에누마 엘리쉬에 전해지는 바빌로니아의 창조 이야기 — 여기에는 창세기 1장의 창조 이야기와 현격하게 유사함을 보여주는 그런 대목이 있다 — 가 처음으로 알려진 것이 지난 세기 중반이었다. 그러자 즉각적으로 유다교와 가톨릭 교회, 그리고 복음주의 교회의 구약성서 해석자들이 하나같이 완전히 호교적인 입장을 취하였다. 이들은 창조에 관한 성서 진술들이 전적으로 독자적인 것으로서 다른 모든 유사한 것들에 비해서 비교할 수 없을 만큼 탁월하다는 점을 입증하고자 하였다. 그러나 이와 같은 방어적인 태도를 취할 때 이 문제를 바르게 다룰 수 없게 되고 만다. 오늘의 우리는 성서에 담긴 이 뛰어난 장들을 쓴 사람들이 자신들이 과거의 상속자들이라는 것을 알고 있었다는 사실과 우리가 독창적이라고 일컬을지는 몰라도 그들 자신은 결코 새로운 어떤 것을 창작하고자 하지 않았다는 사실을 인식하고 있다. 우리는 현재, 그들은 시원 사건들에 관한 자신들의 성찰 속에서 다른 사람들이 수천년 동안 이야기해 왔던 그것과 야훼 한 분만에 대한 자신들의 신앙간의 교량을 축조하고자 깊이 관심을 기울이고 있었다는 사실을 알고 있는 것이다. 성서의 시원 이야기에 보이는 절묘한 솜씨는 바로 이 다리를 구축하는 데서 드러난다. 야휘스트계의 더 오래된 창조에 관한 진술은 하느님이 인간을 흙 혹은 진흙으로 빚으셨다고

전한다. 이전의 해석 단계에서는 이것이 언급되었을 때 이는 사람들을 위한 하느님의 계시로서 진술된 것이었다고 생각했었다. 하지만 오늘 이 시대에 와서 우리는 진흙이나 흙을 가지고 이룬 인간 창조는 바빌로니아와 이집트의 이야기들을 뛰어넘어서 원시 종교들에로까지 거슬러 가 닿아 있다는 사실, 그리고 이러한 인간 창조 이야기는 세계 전역에 걸쳐 여러 곳에서 나타나고 있다는 사실을 알고 있다. 성서의 인간 창조 이야기가 전하고 있는 것은 새로운 것이라든가 유일무이하게 독특한 것이 전혀 아니다. 이 이야기를 한 사람들이나 이것을 그 당시에 들은 사람들은 이 점을 잘 알고 있었다. 또한 이들은 모두 이것을, 이것이 마치 하느님으로부터 내려진 어떤 새로운 계시인 듯이 그렇게 듣지도 않았다. 이런 면이 단지 진흙을 가지고 이룬 인간 창조에 관한 옛 이야기에 해당하는 것만은 아니다. 하느님의 모상으로의 인간 창조에 있어서도 역시 마찬가지인 것이다. 즉, 하느님의 모상으로 인간을 창조한 이야기는 메소포타미아와 이집트에서 찾아볼 수 있다. 뿐만이 아니다. 이것은 원시 종교들에로까지 가 닿아 있는 여러 소재들 중의 하나이기도 하다. 따라서 하느님의 모상에 따른 인간 창조에 관한 성찰의 의미는 이 전사(前史)의 배경 속에서 분명하게 밝혀질 것이다. 즉, 인간이 하느님의 모상이라는 것은 인간의 자질을 나타내는 것도, 인간의 영적인 본성을 나타내는 것도 아니다. 또한 인간의 인격이나 그 올곧은 태도를 나타내는 것도 아니다. 이미 앞에서 살펴 보았듯이 이것은 인간적 실존 그 자체인 것으로서, 하느님은 인간을 당신에게 응답하는 존재로, 당신 앞에 설 수 있는 존재로 창조하셨던 것이다.

최근에는 한층 더 중요한 관점의 변화가 이루어져야만 하였다. 창조 이야기들은 지금까지 이 세계와 생명과 인류의 기원에 관한 인간의 지적 탐구에 맞추어 추적되어 왔다. 그렇지만 이 설화들은 이 세계에서의 인간의 삶에 대한 인간의 관심에 그 기원을 둔 것이었다. 기원들에 관한 이 이야기들은 그 기원에 관한 지적 물음이 아니라 이 세계와 인류의 생존에 관심을 기울이고 있는 것이다.

이와 같은 광범한 배경에 입각해서 살펴볼 때, 우리는 성서가 시원 사건들에 관한 그 성찰에 있어서 매우 많은 타종교들과 다수의 공통점을 갖고 있다고 말하지 않을 수 없다. 이에 자연히 다음과 같은 물음이 따라나오게 된다. 이를테면 과연 성서의 기록에는 어떤 특별한 것이 있는가? 나는 이 문제에 답해 나가는 과정에서 우리가 방어적인 태도를 극복할 수 있으리라고 생각한다. 다양한 연구 분야의 학자들, 예컨대 종교사가들과 문화 인류학자들과 신학자들, 그외의 여러 분야의 학자들이 사물의 기원들을 진술할 수 있는 끝없는 가능성들이 존재한다는 연구 결과와 더불어서, 인류의 시원기에 관한 성찰이 무한한 다양성으로 특징지어지지 않는다는 놀라운 발견을 해냈다. 오히려 그것들은 놀라울 만큼 빈약한 실정인 것이다. 창조 이야기의 유형들은 제약되어 있다. 즉, 그 유형들에는 몇 가지 기본적인 양식들이 있고, 이 기본적인 양식에 바탕한 변형체들이 나타나는 것으로서, 이것들은 세계 전역에 걸쳐서 지극히 쉽게 이해될 수 있는 것들이다. 그 결과, 성서의 기록에서의 특별한 면모가 전보다 훨씬 더 분명하게 파악될 수 있게 되었다. 타락에 관한 이야기는 그리스도교의 교의신학에서 불가분리적으로 시원 시기의 이야기와 연계되어 있다. 따라서 여기서는 기원에 관한 성서의 진술의 경우 창세기 1—3장, 즉 창조 이야기와 타락 이야기에 한정지어져서 천착되어 왔다. 이에 4—11장에서 계속 이어지는 부분으로서, 이 이야기에서 빠져서는 안될 부분, 말하자면 족보 또는 계보들을 내포하고 있는 대목들에 관해서는 한마디의 언급도 없게 되었던 것이다. 하지만 창세기의 저자들은 족보 또는 계보라고 하는 문학 양식을 통하여 하느님이 인간을 창조할 때 인간에게 내려주신 축복의 힘이 계속해서 효력을 지니고 있다고 진술하고 있다는 사실이다. 이미 앞에서 살펴본 바와 같이 창조 이야기와 아담에서 아브라함에 이르는 족보간에는 직접적인 접점이 있는 것이다. 그리고 한걸음 더 나아가서 타락(Fall) 이야기에 관하여 이야기하는 것은 그릇된 이해를 유발시킬 수 있다. 후기 유다의 해석으로 거슬러올라가는 "타락"이라는 제목은 인간이 어떤 일정한 수준에서 창조되었다는 것과, 한 개인의 죄를 통해서 인류 전체가 이를테면 더 저급한 수준으로 "떨어졌다"(fell)는 것, 그리고 그때 이래의 전 역사가 그리스도의 시대에 이르기까지 이 저급한 수준에서 펼쳐져 왔다는 것을 시사한다. 그러나 이는 성서 자료를 조야하게 다루는 것에 지나지 않는다. 기원들에 관한 성서의 진술은 상당히 심오하고도 아주 분명하게 인간이 완전치 못하고 흠이 있다는 것은 한 창조물로서의 인간의 저 신분에 속한다는 점을 보여주고 있는 것이다. 그리고 인간의 이 완전치 못한, 흠 있는 상태는 역사에 있어서 어느 단일한 행위로가 아니라 다양한 방식으로 나타나고 있다. 기원들에 관한 야휘스트의 진술은 인간이 서로 다른 방식으로 부족을 보이는 양상을 제시함으로써 이 점을 표현해 주고 있다. 근본적인 것은 하느님의 명령을 어긴 것으로서, 이로 하여 인간은 하느님의 동산에서 추방되기에 이른다. 불이행으로 표출되는 이 결함, 이 흠은 자기와 같은 종(species) 가운데 하나를 살해할 수 있는 인간의 잠재력까지도 내포하는데, 이것은 자기네와 같은 종에 속한 것들을 죽이지 않는 동물들과 인간을 구분지어주는 한 특질을 이룬다(창세기 4장). 하지만 하느님은 인류로 하여금 자기의 형제를 죽이는 자신을 뛰어넘어서 계속 살아갈 수 있도록 허락하시는 그런 분이시다. 우리는 이와는 전혀 다른 인간의 결함 형태 한 가지를 바벨탑 이야기— 한계들을 넘어가는 것에 관한 이야기에서 찾아볼 수 있다. 사실, 인간이 자신의 한계를 넘어가는 일련의 이야기들이 창세기 1—11장에 제시되어 있다. 이렇게 볼 때, 기원들에 관한 진술 가운데 죄에 대한 성서의 접근에 있어서 특이한 점은 인간의 다면적인 결함과 죄스러움에 대한 이해라고 할 수 있다. 하지만 이처럼 자신의 결함과 위반으로 하느님으로부터 멀리 떨어져 나갔음에도 불구하고 인간은 하느님의 효력있는 축복을 앗기지 않았다. 창조 때 주어진 축복이 그대로 보존되어 후세대들에게서 그 효력을 드러내고 있는 것이다.

(3) 구원하시는 하느님의 행업은 신약성서의 핵심을 이루는 것과 마찬가지로 구약성서의 핵심을 형성한다. 그리스도의 구원 메시지는 신약성서의 중심부에 자리하고 있다. 또한 이스라엘의 구원 고백 역시 처음부터 구약성서의 중심부에 자리한다. 구약성서에 있어서의 구원과 창조간의 관계는 오경의 구성에서 가장 분명하게 인식할 수 있다. 즉, 오경의 중심부에는 하느님이 당신의 백성을 이집트로부터 이끌어 내오실 때 그들에게 보이신 하느님의 구원 행업이 자리잡고 있는 것이다. 다른 일체의 사건들이 이 사건을 중심에 놓고 에둘러져 있다. 이 중심 사건에 관한 진술은 계속해서 족장들의 역사에 의해 더 개진되어 나가는데, 이 역사는 바로 기원들에 관한 이야기에 이르기까지, 하느님의 백성이 그 시기 이전에는 어떤 류의 백성이었는가를 보여주고 있다. 결국 하느님의 구원 행업에 관한 진술이 중심부를 이루고 있는 것이다. 하지만 하느님의 이 구원 행업은 이전에

펼쳐져 내려왔던 것에 그 토대를 구축하지 않고는 이야기될 수가 없다. 그리고 이것은 바로 저 인류의 맨 처음으로까지 거슬러 가 닿게 되는 것이다. 이스라엘에게 발생한 것은 이스라엘 한 민족에게만 발생한 것이 아니었다. 하느님은 인류 전체에 관심을 기울이시기 때문이다. 결국 모든 것이 바로 저 맨 처음으로까지 거슬러올라가게 된다. 그러므로 여기에는 어떤 한 일관된 흐름이 자리잡고 있다. 즉, 하느님의 구원 행업, *soteria*는 역사의 과정 속에서 변화를 보이며 나타나는 한 사건인 것이다. 하느님은 이스라엘이 당신을 찬양하고, 맨 처음에 있은 구원 행업에 근거하여 그분에 대한 자신들의 관계를 설정하는 그와 같은 방식으로 그들을 이끄셨다. 그러나 하느님의 구원 행업은 단지 과거에 있었던 어떤 것으로 이해되지 않는다. 그것은 언제나 계속되는 사건으로 이해되고 있는 까닭이다. 이스라엘에 있어서 가장 커다란 위험은 정치 영역과 단순한 인간적 실존에 놓여 있었다. 이스라엘은 사막을 가로질러 가는 동안에 자신이 굶주림과 목마름과 더불어 자연의 힘에 의해 위협받고 있다는 것과 이와 동시에 적들로부터 위협받고 있다는 것을 인식하게 되었다. 그러다가 후대에 이르러서는 이스라엘에게 실질적으로 위협이 되었던 것이 전적으로 달라졌다. 이스라엘은 자신의 하느님을 저버리고 떨어져나가는 것으로 하여 위협을 받게 되었던 것이다. 이것은 하느님과 더불은 이스라엘의 역사에서 가장 큰 영향을 미친 변화들 중의 하나이다. 밖으로부터의 위험이 내부의 위험으로 대치된 것으로서, 이스라엘 자신이 자신의 하느님으로부터 떨어져나갈 수가 있었던 것이다. 예언자들이 출현하는 것이 바로 이런 맥락에서이다. 이들은 하느님에 대한 배반의 위험이 백성에게 실질적인 위험이 되었던 때에 출현한다. 이때는 더 이상 이스라엘의 적들을 괴멸시키는 것으로는 구원이 유효하게 성취될 수 없게 되었고, 오로지 이스라엘이 자신의 하느님께로 되돌아감으로써만 그 구원은 성취될 수 있게 된다. 바로 이런 이유로 해서 제2이사야의 구원관 — 귀향으로서의 구원 — 이 용서에 바탕해 있다. 용서에 바탕한 구원은 신약성서에서 처음으로 나타나는 것이 아니다. 이것은 이미 제2이사야에게서 발견되고 또 이미 그에 의해서 설교되었던 것이다. 그리고 창조와 구속을 확고하게 연계짓는 예언자도 바로 이 예언자이다. 그는 이스라엘이 본집으로 되돌아가리라는 약속 속에서 유배된 처지에 있는 자기 겨레의 저 무기력하게 남은 자들의 시선을 창조자의 엄위를 향하도록 이끌었다. 그는 다음과 같이 말한다. "너희는 모르느냐? 듣지 않았느냐? 야훼께서는 영원하신 하느님, 땅의 끝까지 창조하신 분이시다. 그분은 피로하지 않고 고단하지 않은 분이시다 …"(이사 40,12-31).

창조와 구속에 있어서의 이와 동일한 양극 구조가 복음서들의 구성 면에서 분명하게 드러났듯이 예수의 행업에서도 역시 나타난다. 복음 선포는 단지 수난 이야기의 서곡에 그치는 것이 아니다. 복음서들의 전반부에서 예수가 행하는 것은 하느님의 축복 행위에 상응한다. 예수는 그분이 병자들에게 힘이 되어 주고 굶주린 이들을 먹이고 죽음의 위험에 빠져 있는 이들을 구해줌으로써 하느님이 창조하여 이 세계에 마련해 놓으신 것을 다시 회복시키고 치유하신다는 지극히 참된 의미에서 치유자이신 것이다. 이와 동일한 메시지가 마태오 10장에 전해지는 제자들의 파견에서도 확인된다. 예수는 메시지뿐만 아니라 축복 역시도 갖추게 해서 당신의 제자들을 보내신다. 또한 사도행전에서도 마찬가지이다. 사도행전은 그리스도의 메시지의 역사뿐만 아니라 이와 동시에 축복의 진전에 대해서도 진술하고 있는 것이다. 예수 그리스도의 사자(使者)들을 그들이 파견받은 삶의 여정에서 이끄시고 보호하시는, 그리고 그들에게 적기에 참으로 적절하게 합당한 말을 할 수 있게 해주시는 그 하느님은 창세기 24장에서 아브라함의 종을 이끄시고 보호하시는, 그리고 그에게 적기에 참으로 적절하게 합당한 말을 할 수 있게 해주시는 그분과 동일한 하느님이시다. 끝으로 나는 묵시문학 작품들에 관해서 언급하고자 한다. 묵시문학 작품들과 저 동일한 보편성 ― 이것은 창조와 시원기에 관한 성찰의 특징을 이룬다 ― 간에는 어떤 상응성이 있다. 종국적으로 묵시문학 작품들은 단지 저 공동체의 운명이나 그리스도교 신앙의 운명에 대해서만이 아니라 세계 전체의 운명에 대해서 역시 관심을 기울이고 있는 것이다. 창세기의 맨 앞의 11장들이 하느님의 창조 행위와 축복 행위의 맥락 속에서 세계 전체의 운명에 관하여 관심을 기울이고 있는 것과 마찬가지로 말이다.

창조와 구속의 양극 구조는 성서 전체, 신약성서와 구약성서 전체에 걸쳐서 찾아볼 수 있다. 창조와 구속 각각의 관계는 상당히 다양하게 나타난다. 이 둘은 이미 앞에서 살펴본 바와 같이 결코 어느 한 관념하에 억지로 통합될 수가 없다. 하지만 이것들은 결코 서로 분리될 수도 없다.